おつまみとお酒のマリアージュ

料理家
渡辺麻紀
×
ソムリエ
進藤幸紘

池田書店

はじめに

「マリアージュ」はフランス語で「結婚」という意味。
これが、ワインの世界やレストランではワインと料理の組み合わせを表すのに使われ、
「理想的なよい相性」という意味になります。
フランスのレストランやワインの世界、なんて言うとハードルが高いようですが、
なんのことはなく、フランスでは日常的によく使われている表現です。

「わぁおいしい！」と目を見開くような料理があれば、伴走してくれるワインがほしくなる。
「うーーーん、たまらないね」と目を細めるようなワインに出会えば、自然と料理がほしくなる。
合わせることで味わいや香りを2倍、3倍にもおいしく、楽しくしてくれることを期待して。

ラッキーなことに、今は、アルコールも食材も、いろんな国のさまざまなものが
一般の私たちでも手に入りやすい環境。
そんな日本に暮らす私は、日々の料理をボーダレスにブレンドして、
いい意味での「雑食な組み合わせ」を作るのが大好き！

持ち寄りの気軽な集まりには、泡やワイン、ビールに日本酒、焼酎、ジン……と
それぞれが飲みたいもの、ぜひ飲ませたいものがやって来て、にぎやかなことになります。
そういう時に、ボーダレスな料理は、なんとなく何かに合ってしまう、という
ミラクルで心強い味方にもなるのです。

さらに今回は、マリアージュ王子が、スノッブでない、カジュアルで
時にB級とも言えるような、思い切った振り切り方の「お酒の味変」も教えてくれました。
家で、実験気分で、わきゃわきゃしながらじゃなくては、できないような！

異国で親しまれ愛されてきた食材料たちを引き合わせたマリアージュ、
さらに、そのおつまみとアルコールを引き合わせた、はじめてのマリアージュ！
この環境だからこそ気軽に実現できること。

さあ、ジャパニーズなマリアージュの世界へようこそ！

渡辺麻紀

この本をお手にとってくださり、ありがとうございます。
僕は西麻布で飲食店を運営していますが、
ご予約のゲストに、今日はどのようにディナーをお楽しみいただくか考えている時間が
とても幸せです。

当店の7割のゲストはマリアージュコースをご注文されます。
合わせるワインやドリンクはお食事の邪魔をせず、お料理の味わいに寄り添ったり、
場合によってはソースの代わりになるようにご提案しています。

僕がマリアージュに目覚めたきっかけは、お酒をはじめて口にした頃、
奮発して予約したフレンチレストランにて。
ブルーチーズとソーテルヌ（甘口の貴腐ワイン）の組み合わせを味わった時に
目が覚めるような経験をしたことです。
この経験は未だに忘れることができない衝撃の相性。
お店でもさまざまなマリアージュをご用意していますが、
必ずそんな記憶に残るマリアージュをご提案できるように心がけています。

この本では、ご近所のスーパーやコンビニで手に入るようなお酒が基本となっています。
友達同士のパーティーやご家族とのお食事をもっと楽しめる、
ちょっとした工夫やアイデアをご提案しています。
麻紀さんのお料理に寄り添い、味が膨らむようなマリアージュ。
そして時にはお酒の味がいつもと変わるようなアレンジを。

お料理とアルコールが出会い、まさに結婚（マリアージュ）するようなイメージをしながら
お楽しみいただけますと幸いです。

マリアージュの幸福を楽しんでください！

進藤幸紘

Contents

Chapter 1 Quick! 簡単なおつまみ

Chapter 2 Meat & Fish 肉と魚介のごちそう系おつまみ

Meat

Fish

Chapter 3 Vegetables & Fruits

野菜たっぷり
ときどきフルーツのひと品

Chapter 4 Noodle & Rice 麺とごはんで〆！

この本の見方

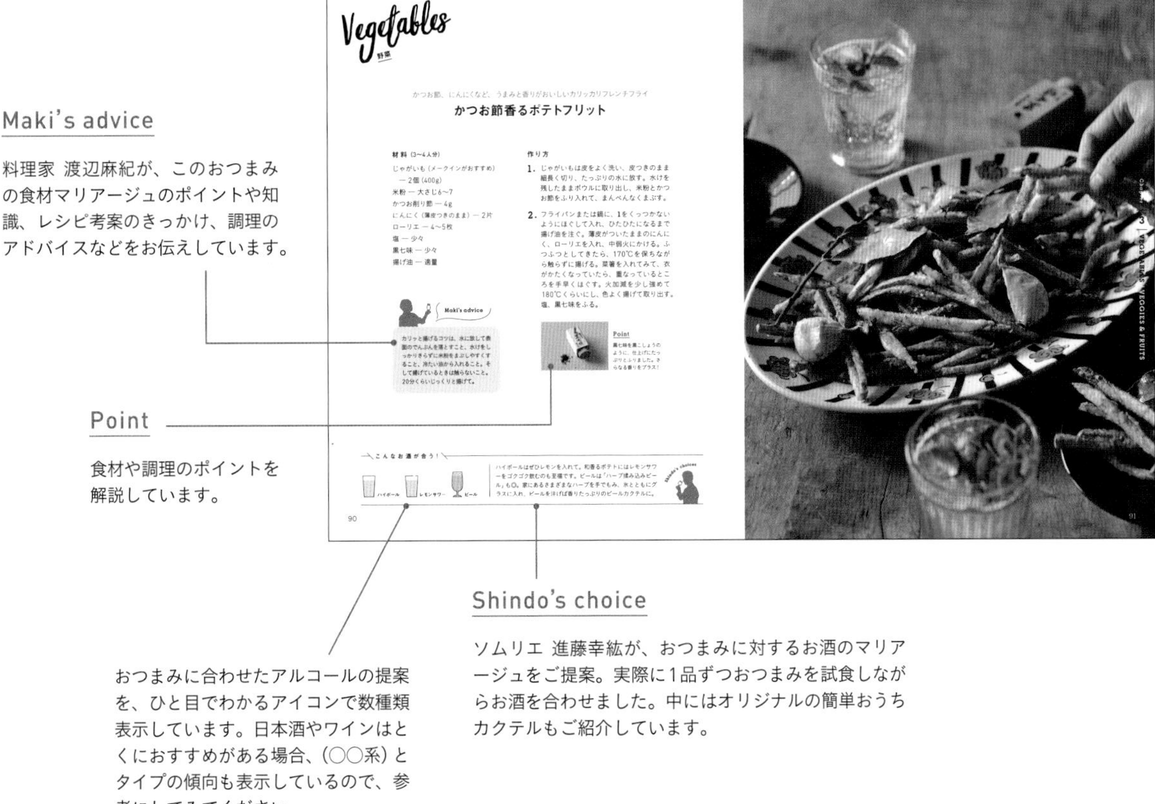

Maki's advice

料理家 渡辺麻紀が、このおつまみの食材マリアージュのポイントや知識、レシピ考案のきっかけ、調理のアドバイスなどをお伝えしています。

Point

食材や調理のポイントを解説しています。

Shindo's choice

ソムリエ 進藤幸紘が、おつまみに対するお酒のマリアージュをご提案。実際に1品ずつおつまみを試食しながらお酒を合わせました。中にはオリジナルの簡単おうちカクテルもご紹介しています。

おつまみに合わせたアルコールの提案を、ひと目でわかるアイコンで数種類表示しています。日本酒やワインはとくにおすすめがある場合、(○○系)とタイプの傾向も表示しているので、参考にしてみてください。

この本のルール

- こしょうは、表示がない場合は白こしょうを使用。黒こしょうは粗挽き黒こしょうを使用しています。
- 塩は、仕上げやアクセントにする時は粒タイプ、フレークタイプなど食感が感じられるものを使用しています。
- ブイヨンは、市販の顆粒または固形の好みのものを使用してOKです。商品の表示どおりに溶いてお使いください。
- 油は太白ごま油を使用していますが、米油、なたね油、サラダ油など好みの油でもOKです。
- オリーブオイルはエクストラヴァージンタイプを使用しています。
- バターは国産有塩バターを使用しています。
- みそは、特に指定がない場合、麦みそ(辛口)を使用しています。
- 小さじ1は5mℓ、大さじ1は15mℓ、1カップは200mℓです。
- 電子レンジは600Wのものを使用しています。500Wなら加熱時間を約1.2倍にしてください。なお、機種によって多少異なることもありますので、様子を見ながら加減してください。
- フライパンはフッ素樹脂加工のものを使用しています。
- 保存期間は目安であり、保存の状態により異なりますのでご注意ください。

この本の

食材×食材 マリアージュのポイント

日本に住む私たちは、昔ながらの日本の家庭料理に加え、フレンチ、イタリアン、中華に韓国、
エスニックなど、いろいろな料理をレストランなどで食べることができるようになりました。
日本以外の国の食材や調味料を、スーパーやコンビニで簡単に手に入れることもできます。
こんなにもバラエティ豊かに各国料理を楽しめる国は、なかなかありません。
この本では、その恵まれた環境のもとで、異国の食材や調味料を楽しんで取り入れ、
日本の食材と組み合わせることで、はじめて出合えるようなおつまみを作りました。

日本は、アルコールの種類も豊富で、気軽に手に入れることができます。
ビール、日本酒、焼酎、ワイン、ウイスキー、ジン、マッコリ、紹興酒……
お酒が好きな方は、このうち数種類は普通に家にあるのでは?
気分によって、いくつかの種類を飲むこともあるでしょう。
この本で紹介するおつまみは、ボーダレスな味わいなので、幅広いお酒に合いやすいのです。

お酒に合う味の作り方

1 塩味を立たせる

どんなお酒も、おいしく味わうためにいちばん手っとり早い方法は塩加減。まずは、塩味を立たせましょう！　いつものおかずの塩加減より、ほんの気持ち、もうひと振りの感覚で塩を加えてみて。

2 油・脂も気にして

動物性でも植物性でも、コクのあるアブラのうまみ、風味が加わると、ぐん！とお酒がほしくなる味に。渋みや厚みがある味わいのお酒を合わせたり、シュワシュワと強い泡で口の中のアブラを流すのは至福！

3 香りを上手に使う

香ばしく焼いたり、煮込んで凝縮したうまみの香りはお酒をさらにおいしくしてくれます。柑橘や薬味、ハーブ、香辛料の香りも、お酒の持つ風味とリンクさせると美味。クラフトビールやジン、日本酒やワインは、相乗効果で特別な味わいを演出。

4 温度で合わせる

アツアツの揚げ物にキンキンに冷えたビール、お酒でほてった口中に冷たい野菜や和え物などは気持ちよくおいしいもの。寒い夜にはアツアツのおつまみで身体や心を温めながらも、口の中は冷たいお酒で冷やすというのも幸せ。

5 食感を意識して

シャクシャク、カリカリ、ねっとり……メリハリのあるテクスチャのものを用意すると食べごたえがあり、一気に満足感が上がります。また、咀嚼しながら口内でお酒とブレンドされる味わいは無二のもの。食感はリズムを感じさせてくれて、おいしさもアップします。

6 甘み・辛み・酸味

刺激的で特徴的な風味のおつまみがあるとメリハリがつきます。苦いビールや甘いマッコリ、酸味のあるワインなんかをマリアージュして重層的な味わいを楽しめると上級者！

7 色合いを楽しむ

目で感じる「おいしい」感覚も大切。途中で鮮やかな色合いのおつまみを一品でも入れると、場のテンションが上がります！

おうちで
お酒のマリアージュのポイント

自分でマリアージュなんて難しそう……と思われそうですが、
感性だけで合わせているのではなく、実は簡単なルールやコツがあるんです。
それさえ押さえれば、中には上級的なマリアージュもありますが、
個人の好みによっておいしいと思う組み合わせを楽しむことができます。
お酒を料理に合わせる、お酒に料理を合わせる、
このどちらかからスタートすることがマリアージュのファーストステップです。

パターンA
料理に合わせる

まず料理を決めてから、何を飲もうか？とお酒を考えると合わせやすいです。本書で紹介している各レシピのマリアージュを参考にしてみてください。それ以外にも自分で味を想像しながら合わせられるようになると、おうちマリアージュの楽しさは無限大。

パターンB
お酒に合わせて料理を考える

例えば「いただいた日本酒を開けたい」「あの人を誘おうか」というような目的があると、料理を考えるのがどんどん楽しくなります。そこから派生して、さらにその前後に飲むお酒も用意したりと、考えが膨らむはず。

いずれかを
意識してみましょう

料理：アルコール 組み合わせの思考

1

同じ傾向の味・色・パンチを合わせ、調和をとる

料理とお酒の味わい、色や質感を合わせましょう。同じ傾向の味わいを合わせて、お互いを寄り添わせるマリアージュ。ガッツリとした牛肉のステーキには、ガツンと重いフルボディの赤ワインを。こうして味わいの強さを合わせることでマリアージュが成立し、結果、赤ワインに含まれるしっかりとした「タンニン」は、タンパク質と結合する性質があり、口内に残った肉の脂分を取り去ってくれるという効果も生まれます。

2

風味を中和させる

生牡蠣にはシャブリのような白ワインを合わせることが王道です。生牡蠣はどうしても生臭みが出てしまいますが、シャブリに含まれるクエン酸がレモンを搾るようなイメージで生牡蠣の臭みを消してくれるからです。アルコールではありませんが、苦いコーヒーに甘い砂糖を加えてバランスをとるのも同じ原理。

3

まったく違う味わいを共鳴させる

ブルーチーズに極甘口のソーテルヌのような白ワインを合わせたり、身近な組み合わせだと生ハムと完熟メロンの組み合わせが良い例。合わせたときに共鳴し合って新たなる「何!?この組み合わせ！」という衝撃の味を生み出すマリアージュ。個性のある発酵食品と甘口のワインなどを合わせてもこういったマリアージュを生みます。

4

温度差をつくって相反を意識する

よく、キンキンに冷えたビールにから揚げ、シャンパーニュに天ぷら、というふうに合わせますが、料理の油を洗い流すようなマリアージュも人気です。この場合は特に温度も重要で、例えばアツアツの揚げ物には、しっかり冷やして酸や泡を際立たせたドリンクを合わせてあげることで、料理を口に入れたあとの飲み心地が爽快になります。

5分でわかる！
ワインの合わせ方

レストラン的マリアージュの花形はやはりお料理とワインの組み合わせ。
けれども、自分で合わせるのは、難しいですよね。
「ワインを飲むのは好きだけど、詳しくない」という声をよく耳にします。
今回各レシピにつけたマリアージュアドバイスではワインもご提案させていただいていますが、
そのときに「味の傾向」だけでも抑えておくと、ぐっとお料理を引き立ててくれます。
ワインの世界は奥が深く、長年勉強している人も多くいますから、ここだけではとても語り尽くせませんが、
はじめてでも「これだけ抑えれば外さない」というポイントをご紹介します。

ワインの色の種類

白ワイン

白ぶどうの果汁のみを発酵させて作る。色調がゴールドや黄色味がかったワインが多いのが特徴。極稀に黒ぶどうから白ワインを作るが、一般的には白ぶどうから作ることがほとんど。

赤ワイン

必ず黒ぶどうを使い、破砕した後、果汁や種、皮も一緒に漬け込むことによって、タンニンなどの渋味成分が出る。赤から紫の色調がワインに表れる。

ロゼワイン

黒ぶどうを搾ったあと、赤ワインのように果皮を漬け込まず、皮や種子を早期に取り除き発酵させるワイン。イメージは黒ぶどうを使い白ワインのような製法で作ったワイン。

オレンジワイン

果皮が厚い白ぶどうを赤ワインと同じように皮や種を浸して作るワイン。主にナチュールワインなことが多い。果皮をジュースと漬けることによりオレンジや琥珀色のワインができる。主な産地はイタリア、南アフリカ、ジョージアなど暖かい土地。

＼大きく分けると2ジャンル！／

クラシックタイプ

古くから伝統を守り、今も世界中で愛されているワインの主たるタイプ。清澄度が高く、クリアで輝きがあり、エレガントに仕上がるワインが多いので、正統派なフレンチやイタリアン料理などにピッタリ合う。代表的なぶどうの品種があり、各産地のワインが年代によってさまざまな仕上がりで出回っている。

ナチュールタイプ

健康ブームもあり、人気に拍車がかかったワインのタイプ。自然酵母のみで発酵し、濾過しないワイン。無濾過で酸化防止剤が控えめのため、濁っており、うまみが強く複雑みのある味わい。このような添加物を使わない製造方法は1990年以降年々増えている。以前は、農薬や化学肥料を使い、いかにたくさんのワインを作るかを目指す生産者が多かった時代もあった。しかし、近年消費者が健康志向を目指し、生産者は持続可能な自然由来の醸造方法で作られた純粋にぶどうの味を楽しめるワインを目指すことが多くなったと言え、世界中で流通も多くなっている。日本では輸入はもちろん、国産のものも増えてきたが、まだまだ売り場も限られるので出会いがあれば買い求めてみて。

ラベルを見て
選んでみよう！

本書のアイコンでワインを選ぶには

白ワイン（さっぱり系）

柑橘のような酸味とミネラル感やハーブを感じるワイン。冷蔵庫に入れてしっかり冷やして飲むと◎。

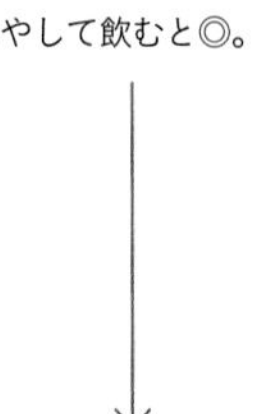

代表品種と産地

品種はリースリング、涼しい土地のシャルドネ、ソーヴィニヨンブランなど。主な産地はフランスシャブリ、ドイツ全般、北イタリア、アメリカの冷涼なエリア。

白ワイン（コク系）

熟した黄桃や南国の果実、はちみつ、バニラやバターのような香りのある温暖な産地のワイン。冷やしすぎず10°C前後で飲むのがおすすめ。

代表品種と産地

品種はシャルドネ、シュナンブラン、ヴィオニエなど。主な産地はアメリカナパヴァレー、南アフリカ、オーストラリアなどの温暖なエリア。

赤ワイン（軽い系）

赤ワインはぶどうの熟度（果実味）と渋み（タンニン）、アルコールのボリュームでワインの厚み（ボディ）が決まる。軽めの赤ワインはそれぞれがやさしく、外観は透明感と紅い色調。エレガントな酸味が特徴のワインが多い。

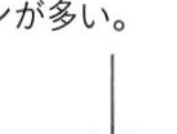

代表品種と産地

品種はピノノワール、ガメイ、マスカットベリーAなど。主な産地はフランスブルゴーニュ、日本各地、スペインの涼しいエリア。

赤ワイン（重い系）

紫がかった濃い色調が多く、香りはジャムやドライフルーツのような香りとスパイスやバニラなどを感じるワイン。味わいは熟した果実味とタンニン、アルコールをしっかり感じる。

代表品種と産地

品種はカベルネソーヴィニヨン、シラー、メルローなど。主な産地はフランスボルドー、イタリア南部、アメリカ中部、チリなど。

ロゼワイン

和食、洋食、中華、エスニックなどさまざまな料理に合わせやすいのが特徴。ロゼは「甘い」という印象があるようだが、辛口と甘口がある。辛口は魚料理や肉料理にも合い、甘口は生ハムやチーズなどのおつまみとよく合う。

代表品種と産地

品種はグルナッシュ、シラー、サンソーなど。産地は暖かいエリアが多く、スペインやイタリア、アメリカ、南フランスで多く作られる。

進藤幸紘が考える
ナチュールワイン

ナチュールワインを合わせてみよう

ナチュールワインは自然酵母のみで発酵し、濾過しないワイン。清澄をせず細かいフィルターを通さないものが多いので、濁っているワインが多いのが特徴です。抜栓して1〜2週間もつワインが多く、中華やエスニック、和のテイストが香るような料理にも合うので、家飲みでも合わせやすいです。本書の麻紀さんのお料理のように、カテゴリーを決めず幅広い技法や食材を用いる場合、合わせやすいのがまさにナチュールワイン！
一方、一本一本が一期一会であり、生産者さんこだわりのワインのため、飲んでみないと味がわからない。でもそれを楽しむのもナチュールの醍醐味だと思ってください。種類は白、ロゼ、オレンジ、赤、スパークリングなどありながら濃淡があります。なので、色や種類にとらわれずぶどう由来のうまみや味わいを世界各国の料理と楽しめるのがナチュールの魅力ではないでしょうか。
ワインはかっちりとした服を着て大ぶりなグラスを使い背筋をピンとして飲むイメージが強い方もいらっしゃるかもしれませんが、ナチュールワインを部屋着を着てコップのようなグラスを片手に、くつろぎながらゴクゴク飲むのもカジュアルでよいものです。

困ったときのワインの合わせ方　3か条

色で合わせる

不思議なことに、食材と調味料に注目し色で合わせると、ピタリとマリアージュする場合が。例えば、鶏の塩焼きならコクのある白ワイン、照り焼きにしたら軽めの赤ワイン、これが牛肉などであればよりフルボディの濃い赤ワインが◎。白身魚なら白ワインやシャンパーニュがよく合う、といった具合。

産地で合わせる

フランスやイタリアはその地方の郷土料理とその土地のワインを合わせることが定番。例えばプロヴァンスのロゼワイン×ブイヤベースや、牛肉のビステッカ×トスカーナのキャンティといった具合に、郷土から学べるマリアージュも多いです。

酸で合わせる

例えばドレッシングを使うようなサラダ類には、レモンやライムを感じられるさっぱりとした白をキンと冷やして。もともと料理に酸が入っている場合は同じようなベクトルの酸味があり柑橘やハーブを感じる、ソーヴィニヨンブランやリースリングなどがおすすめです。

Chapter

1

Quick!

簡単なおつまみ

パパッと作れるおつまみが最初にいくつかあると、とても楽しいですよね。
作り方は簡単なのに、はじめて出合う感動の
「食材と食材のマリアージュ」が見つかるはず！
乾杯は何を飲もうか、そのお酒のお供には何を作ろうか、
またはその逆で、食べたいおつまみにお酒を合わせても。
そんなふうに考えてマリアージュしてみてください。

調理時間ほぼ15秒!? マスカルポーネは容器ごと。明太子とパクチーをのせるだけ!
なのに、もれなく大人気のおつまみヒーロー!

明太マスカルパクチー

材料(4人分)

明太子 — 2本
マスカルポーネチーズ — 1パック(200〜250g)
パクチー — 1〜2株
オリーブオイル — 適量
好みのクラッカーまたはトーストしたフランスパン — 適量

作り方

1. 明太子は1cm長さに切る。パクチーはざく切りにする。
2. マスカルポーネチーズのパッケージを開け、チーズの上に明太子、パクチーをこんもりとのせ、オリーブオイルをまわしかける(大さじ2目安)。クラッカーやトーストしたフランスパンなどにのせて食べる。

Point
マスカルポーネはイタリアのチーズ。クリームチーズよりも酸味や塩みが少ない。

明太子の塩みとチーズのミルキーなうまみを軸にパクチーの香りがプラスされ、口内で合わさると天国。プチプチ×クリーミーな食感の相性も完璧。バランスよくなるよう垂直にすくうのがコツ! 軽めにしたいときはパンではなくきゅうりやセロリを添えて。

こんなお酒が合う!

クラフトビール
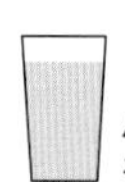
ハイボール
スパークリングワイン

手頃な値段のスパークリングでも抜群においしく飲める一品です。はじけるような泡が、マスカルポーネのクリーミーさと明太子の濃厚さをさわやかにしてパクチーの青さと合わさるマリアージュ。クラフトビールならヴァイツェンスタイルが特におすすめ。

zanetti
250g
DICHIARAZIONE NUTRIZIONALE / NUTRITION DECLARATION / DÉCLARATION
/ VOEDINGSWAARDEVERMELDING / DECLARAȚIE NUTRIȚIONALĂ - Valore medio
Gemiddelde waarde / Valori medii pentru : per 100 g. Energia / Energy
411 kcal; Grassi / Fat / Matières grasses / Grasas / Vetten / Grăsimi: 42 g; di cui acidi grassi
saturés / de las cuales saturadas / waarvan verzadigde vetzuren / din care acizi grași
Hidratos de carbono / Koolhydraten / Glucide: 4,6 g; di cui zuccheri
/ din care zaharuri: 4,6 g; Proteine / Protein / Protéines / Proteínas

小ねぎたっぷりがおいしさのポイント

ねぎまみれモッツァ

材料（2〜3人分）

モッツァレラチーズ — 1個（100g）
小ねぎの小口切り — ½束分（50g）
ごま油 — 大さじ2

A
- ナンプラー（しょうゆでも可）— 小さじ½
- レモン汁 — 大さじ1
- 塩 — 小さじ⅓〜½
- 砂糖 — ひとつまみ
- 粉山椒 — 少々

すだちの薄切り（好みで）— 3〜4枚

作り方

1. モッツァレラチーズは手で4〜6等分にちぎり、器に盛る。
2. ボウルに小ねぎとごま油を入れて和え、**A**を混ぜる。モッツァレラチーズと和え、好みですだちを添える。

「冷奴」のように食べたくて考えたレシピ。パンチが欲しかったのでナンプラーやごま油、山椒などで強いうまみと香りをプラスします。すだちは、かぼす、レモン、ライム、ゆずなどにかえても。モッツァレラは包丁で切らずにちぎると味が絡みやすい。

＼こんなお酒が合う！／

市販の缶ジンソーダにレモンサワーを少し加えると簡単にジンフィズ的カクテルが作れます。さっぱりしていて、柑橘をきかせたこのおつまみにとてもよく合います。ぜひお試しを。ビールはキリッとしたものが◎。ナチュールワインは白やオレンジを。

The Dalmatian Dog

口の中でバターが溶けて、全体が混ざると至高の味わい！

昆布の佃煮、バターにパンカン

材料（4人分）

昆布の佃煮（1㎝四方）— 適量
冷たいバター — 30g
パン・ド・カンパーニュ
（5〜6㎝四方のスライス）— 4切れ
クミンシード（こしょうでも）— 適量

作り方

1. バターは4枚の薄切りにし、盛りつけまで冷蔵庫におく。
2. パン・ド・カンパーニュはオーブントースターかフライパンで焼いておく。
3. 粗熱が取れたらバターをのせ、昆布を広げてのせる。好みでクミンシードをふる。

Point

昆布を甘辛く煮た市販品。甘じょっぱさがキモなので、さらにはちみつやメープルシロップを足しても。

バターはあえてよく冷やしてかたいまま合わせ、口内で柿とのテクスチャーの妙を楽しんで！

干し柿にみそバター

材料（4人分）

干し柿 — 2個
冷たいバター — 20g
みそ — 小さじ2くらい
粉唐辛子（あれば粗挽き）— 適量

作り方

1. バターは3㎜厚さの4枚分に切り、盛りつけまで冷蔵庫におく。
2. 干し柿は縦半分に切り、あれば種を取る。干し柿の断面それぞれにみその1/4量を塗り、バターをのせ、粉唐辛子をふる。

Point

干し柿が出回っていない時期は、ドライいちじくなどもおすすめ。

昆布の甘じょっぱさとカンパーニュのしっかり味を、バターの脂肪分がなめらかに繋いでくれる。柿のほうは、甘み×みその塩みがポイント。フルーツの甘みと香りはお酒に合わせやすいので、幕開けにふさわしい一品。

こんなお酒が合う！

ナチュールワイン（にごり系）

ハイボール

チューハイ（オレンジ）

うまみの強い昆布と甘い干し柿には、果実味を感じるにごりのあるナチュールワインがよく合います。柑橘味のチューハイもマッチします。

Quick
かんたんツマミ

バターとチーズのプレートディップ

Quick
かんたんツマミ

Maki's advice

それぞれ飲むものが違っていても、合う味が見つかるディップ。自分の食べたいエリアを単体ですくっても、味を混ぜても楽しい。何より作るのが簡単！ スターターとして置いておくと盛り上がること間違いなし!!

エンドレスに飲める、楽しいディップ

バターとチーズのプレートディップ

材料（作りやすい分量）

バター — 100g
マスカルポーネチーズまたはクリームチーズ — 100g
トーストしたフランスパンまたはクラッカー — 適量

トッピング

ゆかり、ドライいちじく、ピスタチオ、ドライレーズン、カレー粉、粉唐辛子、乾燥桜えび、ディル、ミックスナッツ、かつおぶし、ピンクペッパー、ケッパー、昆布の佃煮、粗挽き黒こしょう、アンチョビ、ドライトマト、ミント、粉山椒、クミンシード、ごまなど各適量

調味料

塩、はちみつ、オリーブオイル、しょうゆ、ごま油、ナンプラー各適宜

作り方

1. バターとチーズは室温においてやわらかくし、プレートなど平らなものにランダムにそれぞれを塗り広げ、好みで刻んだトッピングの材料を上に散らす。
2. 好みでところどころに調味料をかける。パンまたはクラッカーにつけて食べる。

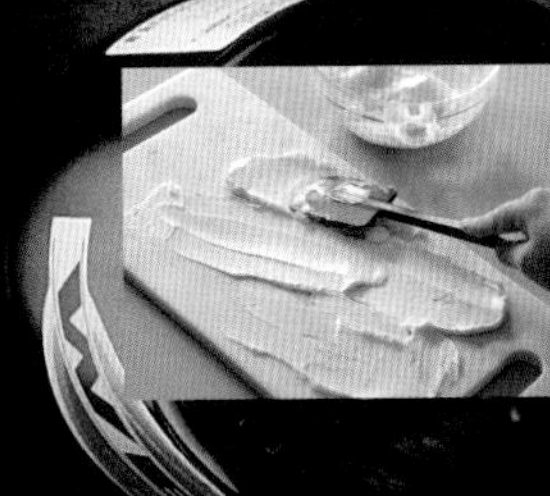

Point
バターとクリームチーズをランダムに、ボードやプレートに塗り広げるだけ！

こんなお酒が合う！

スパークリングワイン　ビール　白ワイン（さっぱり系）　日本酒（コク系）

トッピングによってどんなお酒にも合うようにできているディップ。日本酒なども合わせて。まずは万能なスパークリングワインを合わせて乾杯。好みでフルーツを加えてサングリア風にしても。

フリット4種

梅干しとタイム

ちくわとタイム

ピータンとゆかり

えのきと青のり

Chapter 1 QUICK

種を取らずにまるごと揚げれば形もよく、油ハネもせず楽！

梅干しとタイムのフリット

材料（2人分）

梅干し（大粒）— 4個
※昔ながらの酸っぱいものでも、はちみつ梅でも。

A
- 薄力粉 — 25g
- 片栗粉 — 大さじ½
- ベーキングパウダー — 小さじ¼
- 塩 — 少々
- ビール（黒以外）または冷水 — 40mℓ

タイム（茎が細めでやわらかいもの）— 8本くらい
揚げ油 — 適量

作り方

1. ボウルに**A**を入れて混ぜ合わせ、タイムを加える。
2. 揚げ油を180℃に熱し、梅干しに**1**をつけて入れ、衣が色づき箸で触ってカリッとするまで揚げる。

ちくわとタイムという、意外な組み合わせですが、合うんです

ちくわとタイムのフリット

材料（2人分）

ちくわ — 2本

A
- 薄力粉 — 50g
- 片栗粉 — 大さじ1
- ベーキングパウダー — 小さじ½
- 塩 — 小さじ⅓
- ビール（黒以外）または冷水 — 80mℓ

タイム（茎が細めでやわらかいもの）— 16本くらい
揚げ油 — 適量

作り方

1. ちくわは長さを4等分に切る。
2. ボウルに**A**を入れて混ぜ合わせ、タイムを加える。
3. 揚げ油を180℃に熱し、ちくわに**2**をつけて入れ、衣が色づき箸で触ってカリッとするまで揚げる。

Point
タイムはそのまま食べられるよう、茎のやわらかい部分を選んで。

Maki's advice

おつまみの最強アイテム、揚げ物。梅干しは暑い日には酸っぱいタイプを。合わせるお酒によっても酸味や甘味をアレンジしてみて。ピータンは殻をむいたらしばらく置くことでアンモニア臭がやわらぎます。ピータン使いのコツ！

案外使いやすいピータン。塩みがいいツマミに

ピータンとゆかりのフリット

材料（2〜3人分）

ピータン — 2個

A
- 薄力粉 — 50g
- 片栗粉 — 大さじ1
- ベーキングパウダー — 小さじ½
- 塩 — 小さじ¼
- ゆかり — 小さじ2
- ビール（黒以外）または冷水 — 80mℓ

揚げ油 — 適量

作り方

1. ピータンは殻をむき、平らなザルなどにのせ、30分ほどおく。放射状に縦長に4等分に切る。
2. ボウルに**A**を入れて混ぜ合わせる。
3. 揚げ油を180℃に熱し、ピータンに**2**をつけて揚げ、衣が色づき箸で触ってカリッとするまで1分ほど揚げる。好みで最後にゆかりをふっても。

Point

ピータンの表面にできる結晶のような模様は松花（ソンホワ）といい、アミノ酸の結晶でつく模様。これがあると黄身がやわらかくクセが少ない。

香ばしく揚がったえのきはうまみが凝縮され、カリカリサクサク！

えのきと青のりのカリッとフリット

材料（4人分）

えのきだけ — 小1パック（150g）

A
- 米粉、冷水 — 各50mℓ
- 青のり — 大さじ1

揚げ油 — 適量

好みの塩 — 適量

かぼす（またはレモン）のくし形切り — 適量

作り方

1. えのきだけは、根元のおがくずがついている部分を切り落とし、8等分にする。
2. ボウルに**A**を入れて混ぜ合わせる。
3. 揚げ油を180℃に熱し、**1**のえのきだけを扇状に開きながら**2**をつけて揚げ、衣が色づき箸で触ってカリッとしたら取り出して塩をふる。好みでかぼすを搾って食べる。

こんなお酒が合う！

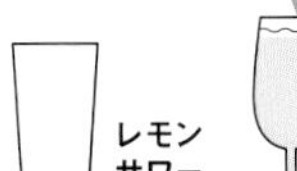

ジンジャーハイ

どんなビールも揚げ物には合いますが、ライムビールは、コロナなどのビールにライムを落として飲むさわやかなビール。タイムの青みとライムがよく合う。ライム以外にかぼすなどでも。

Quick
かんたんツマミ

Maki's advice

ホクホクのひよこ豆を、香ばしいごま油で炒め、黒七味をまとわせました。モロッコで食べた豆料理をアレンジしました。乾燥ひよこ豆を戻すのは時間がかかりますが、この方法なら長時間浸水しなくてもOK！

ひよこ豆のポクポクとした食感がおいしい。一粒食べたらやみつきになるおつまみ

ひよこ豆に黒七味

材料（2〜3人分）

ひよこ豆（ゆでたもの、
市販の水煮でも可）— 200g

A
- ごま油 — 小さじ2
- にんにくすりおろし — 小さじ1

塩 — 小さじ⅓〜½
黒七味（または粉山椒やカレー粉）— 小さじ⅓〜½

作り方

1. ひよこ豆はキッチンペーパーなどに広げて、水けをよく取る。
2. フライパンに**1**と**A**を入れて中弱火にかけ、表面を乾かすようにフライパンを前後にゆすりながら炒る。
3. 香りが立ったら塩、黒七味をまぶす。

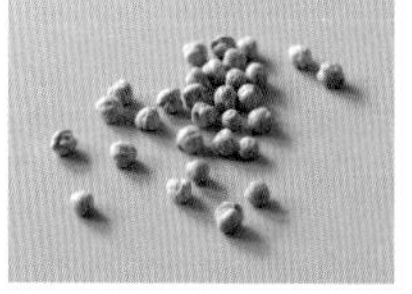

Point
水煮でもOKだが、乾燥豆で作ると一段とおいしい。

乾燥豆の簡単な戻し方

乾燥豆のクイックな戻し方をご紹介します。ゆでたものは冷凍保存も可能です。

材料と作り方（作りやすい分量）

1. ひよこ豆（乾燥）200gは使う直前にさっと洗い、水けをきる。
2. 厚手の鍋に水800mℓを入れ、沸騰したら火を止める。**1**と、あればローリエ1枚を入れ、蓋をして1時間ほどおく。
3. 再び中火にかけ、沸騰したら火を弱め、ふつふつした状態を保ちながら、好みのかたさまでゆでる。

こんなお酒が合う！

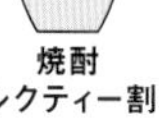

焼酎
（ミルクティー割り）

白ワイン
（さっぱり系）

クラフトビール

焼酎のストレートティー割りはよく目にしますが、レモンティーやミルクティー割りもおいしいです！ 料理のスパイシーさとミルクティーのクリーミーさが合わさりエキゾチックなマリアージュに。ビールは黒七味をふってスパイシーに味変するのもおすすめ。

ギルトフリーで人気の干し豆腐は、中国料理以外にも楽しみ方無限大

干し豆腐のオリーブ和え

材料（3～4人分）

干し豆腐（麺タイプ）— 250g
紫玉ねぎの粗みじん切り — 50g
たくあんのみじん切り — 大さじ1
オリーブの輪切り — 10粒分
イタリアンパセリの粗みじん切り — 大さじ2
ミントの粗みじん切り — 小さじ2
トレビスの粗みじん切り — 1枚分

A
- レモン汁 — 大さじ1
- 塩 — 小さじ⅔
- こしょう — 少々
- しょうゆ — 小さじ1
- はちみつ — 小さじ½
- オリーブ油 — 大さじ3

作り方

1. 鍋にたっぷりの湯を沸かし、干し豆腐を入れ5分ほどゆでる。ざるにあけ、粗熱をとる。ボウルにたっぷりの水を張り、もみ洗いする。水を替え、もみ洗いをさらに2回繰り返す。ぎゅっと絞る。
2. ボウルに**A**の材料を順に入れ、その都度よく混ぜる。**1**、その他すべての材料を入れ、よく和える。

Point

「干し豆腐」「豆腐干」などと呼ばれ、中国や台湾で親しまれている豆腐の一種。

Maki's advice

干し豆腐は豆腐を圧縮し脱水しているので、弾力のある歯ごたえ。いろいろな調味料と相性がよく、欧米でも人気。今はネットでも冷凍のものが気軽に購入できます。

こんなお酒が合う！

ハーブティーハイ　白ワイン（さっぱり系）　レモンサワー

ハーブティーを淹れて冷やし、「キンミヤ」などの焼酎を30㎖ほど加える。特にミントティーのさっぱりしたマリアージュが◎。ミントが苦手なら緑茶でも。レモンサワーや白ワインも合います。

セルフでディップするスタイルの小さなウフマヨ

うずらのウフマヨ

材料（2人分）

うずらの卵 — 10個
A
- マヨネーズ — 大さじ4
- しょうゆ — 小さじ2
- きび砂糖（または上白糖）— 小さじ¼

ごま油 — 小さじ1

作り方

1. うずらの卵を鍋に入れ、ひたひたの水を入れて中火にかけ、沸騰したら2分ゆでる。火を止めてそのまま2分おき、あら熱がとれるまで水にさらして殻をむく。
2. ボウルに**A**を入れて混ぜ合わせる。
3. 器に**1**と**2**を盛り合わせ、**2**にごま油をたらす。

Point

ひと手間かかるけど、うずらの卵は生のものをゆでると市販の水煮より格段においしい！

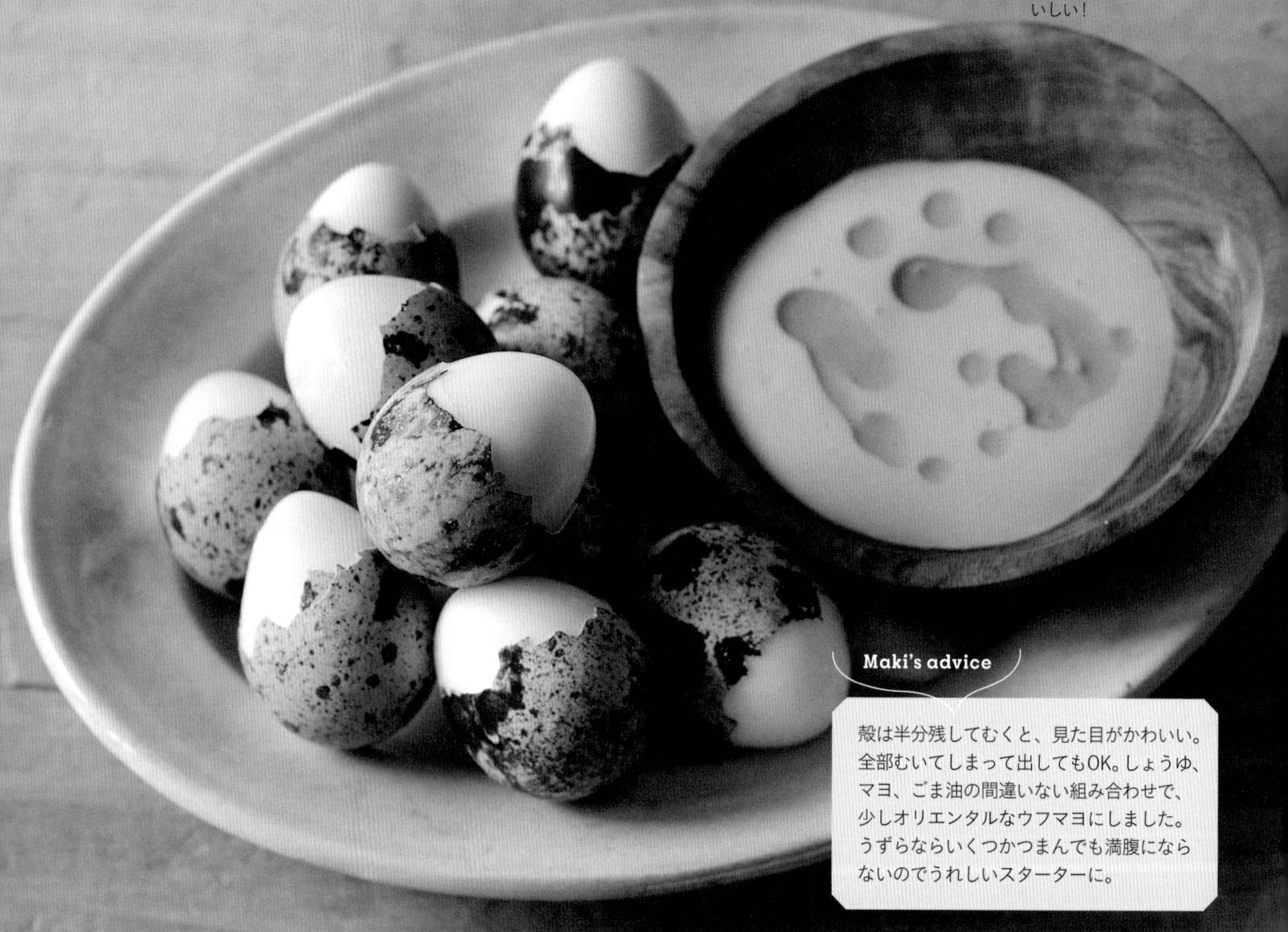

Maki's advice

殻は半分残してむくと、見た目がかわいい。全部むいてしまって出してもOK。しょうゆ、マヨ、ごま油の間違いない組み合わせで、少しオリエンタルなウフマヨにしました。うずらならいくつかつまんでも満腹にならないのでうれしいスターターに。

こんなお酒が合う！

ウーロンハイ　ナチュールワイン（白）　豆乳ハイボール

豆乳ハイボールは普通のハイボールに豆乳を加えた変化球のカクテル。グラス1杯のハイボールに、豆乳は大さじ3が目安。よく混ぜて。オリエンタルな組み合わせを楽しめるマリアージュ。

Maki's advice

枝豆は、ゆでるよりフライパンで蒸し焼きにしたほうが食感がよくて好き。あえて産毛を洗って取らないのは、そのほうが味がよく絡むため。さやごとしゃぶって。レモンバターのコクに、ミントの清涼感が美味。

枝豆は味を含ませたさやごとしゃぶりながら飲むのが家飲みの醍醐味！

焼き枝豆　ミントレモンバターソルト

材料（2～3人分）

枝豆 — 1袋（200g）
にんにく — 小1片
レモンの薄切り — 4～5枚
焼酎（または水）— 大さじ2～3
好みの塩 — 少々
バター — 20g
フレッシュミント — ひとつまみ

作り方

1. 枝豆は水洗いし、フライパンに入れる。
2. にんにくは包丁の腹でつぶして芽を取り、**1**に加える。軽く塩をし、レモン、ちぎったバターを散らす。
3. **2**に焼酎をまわし入れ、蓋をして中火にかける。焼き色がつき始めたら火を少し弱める。途中、2～3回上下を返すように混ぜ、7～8分蒸し焼きにする。
4. ミントを散らして混ぜ、火を止めて1分ほど蒸らす。器に盛り、塩を散らす。

Point

ミントはペパーミントでもスペアミントでもOK。他のハーブで気分を変えても。

こんなお酒が合う！

発泡酒とレモンサワー（缶チューハイの無糖レモンでも）を混ぜると「パナシェ」というフランスのカクテルをイメージしたおうちカクテルに。発泡酒の苦味とレモンの清涼感が合わさり、ミントでさっぱりと仕上げてくれる。白ワインにレモンサワーを混ぜたものもおいしいです。

韓国ではジョン（チヂミ）は雨の日に食べるそう。焼くときの音が雨音に似ているから

れんこんとクミンのジョン的

材料（2〜3人分）

れんこん — 100g
ベーコン — 2枚
クミンシード — 小さじ1
A
- 薄力粉 — 30g
- 米粉 — 大さじ1
- 塩 — 少々

B
- しょうゆ — 大さじ2
- 米酢 — 大さじ1
- レモン汁 — 大さじ½

ごま油 — 大さじ3くらい
イタリアンパセリ — 適量

作り方

1. ベーコンは5㎜幅に切り、フライパンに広げて入れ、中弱火にかける。脂が出てカリカリになったら、キッチンペーパーの上に取り出す。れんこんは皮つきのまま、ごく薄切りにする（スライサーを使うとよい）。
2. ボウルに**A**を入れ、水80㎖を加えて混ぜる。れんこんを1枚ずつはがしながら入れて混ぜる。
3. フライパンにごま油の¼量を入れて中火で熱し、**2**を広げて入れ、クミンシード、**1**のベーコンを散らす。
4. フライパンのふちから、残りのごま油の半量をまわし入れる。3分焼いてひっくり返し、ふちから残りのごま油をまわし入れ、さらに2〜3分焼く。
5. 器に盛り、混ぜた**B**を添え、イタリアンパセリを飾る。

Point
クミンシード。かむたびに香りが弾ける。苦手ならなしでもOK。

こんなお酒が合う！

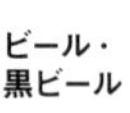
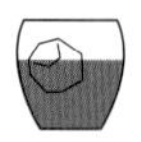
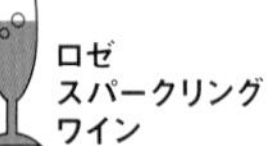

ビール・黒ビール
紹興酒（ロック）
ロゼ スパークリングワイン

ビールも黒ビールも合いますが、どちらもあればハーフアンドハーフにするとベストマッチ。黒ビールをグラスに半分入れ、ビールを追加するカクテル。数人でいて両方開けるときに試して。

ビールに合う、甘じょっぱいB級屋台味を想像して作りました。カジュアルに手でつまんで

ソフトポークジャーキー

材料（2〜3人分）

豚バラ薄切り肉 — 6〜7枚（140g）
A
- 砂糖 — 大さじ2
- しょうゆ、赤ワイン — 各大さじ1
- フレンチマスタード — 小さじ1

白炒りごま — 大さじ1
粉唐辛子 — 少々

作り方

1. 豚肉は長さを2〜3等分に切る。
2. バットに**A**を入れて混ぜ合わせ、豚肉の両面にまぶして10分ほどおく。
3. オーブンまたはオーブントースターの天板にオーブンペーパーを敷き込み、網を置いた上に**2**を並べる。
4. 200℃に予熱したオーブンまたはオーブントースターで10分焼き、裏返してさらに端が少し焦げるくらいまで2〜3分焼く。取り出して白ごま、粉唐辛子をふって、触れるくらいになるまで冷ます。

Point
漬けて焼くだけ。網にのせて、余分な脂を落としながら焼く。魚焼きグリルでも。

こんなお酒が合う！

黒ビール
クラフトビール
赤ワイン（重い系）

黒ビールにコーラを加えて黒コークビアにしても（3：1の割合がおすすめ）。実際に「ディーゼル」「トロイの木馬」という名前で存在するカクテル。屋台感を盛り上げるキッチュな味のおつまみと合わせると、とてもおいしい。

Maki's advice
火加減は中火〜強火で仕上げる。ふちから油をまわし入れて揚げるように焼くのがカリッモチッと作るコツ。
Chapter
1
QUICK
Maki's advice
余ったら、ラーメンやうどんなどのトッピングにして、チャーシュー感覚で料理に使っても。

Quick
かんたんツマミ

Maki's advice

生で味わうのでマッシュルームは新鮮でかたくてハリがあり、傷がないものを。アールグレイはティーバッグのものでもOK。その香りはねりごまのコクのアクセントになります。茶葉が大きければ刻んで。

ティーバッグが一つあれば作れる、簡単でしゃれた一品

マッシュルームのごま和え アールグレイ風味

材料（2人分）

マッシュルーム — 6個

A
- 白ねりごま — 大さじ3
- 酢、しょうゆ — 各大さじ2
- 砂糖 — 大さじ1
- 白すりごま — 小さじ2

アールグレイ茶葉 — 小さじ½
ピスタチオのみじん切り（あれば） — 小さじ½

作り方

1. マッシュルームは石づきを切り落とし、縦半分に切る。
2. Aをよく混ぜ、マッシュルームと和える。器に盛り、アールグレイとピスタチオをふる。

Point

白ねりごま。和の食材でもありながら、ごまペーストは世界中で愛される。

こんなお酒が合う！

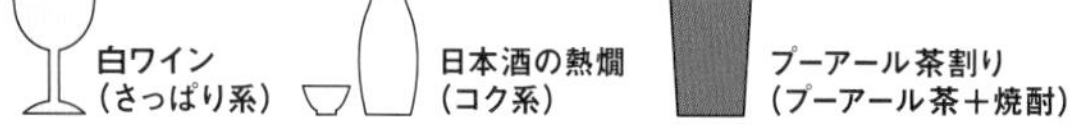

白ワイン（さっぱり系）

日本酒の熱燗（コク系）

プーアール茶割り（プーアール茶＋焼酎）

「キンミヤ」などのクセのない焼酎をプーアール茶で割って合わせます。お店でも裏メニューで人気のある組み合わせ。日本酒は生酛（きもと）系などコクのあるものを合わせて。

Maki's advice

紫キャベツはやわらかめにゆでたほうが甘みが出て和え衣とも絡みやすいし味もなじむ。目を引く色合いの料理は、おつまみとはいえテーブルの雰囲気を盛り上げるのでおすすめ！ ブルーベリーはぶどうやりんごなどでも。

鮮やかな色も楽しめるよう、あえて卓上で和えるスタイル

紫キャベツとブルーベリー、くるみの白和えず

材料（2〜3人分）

紫キャベツ — 200g
塩 — 少々
米酢 — 小さじ1
ブルーベリー — 20粒
くるみ（ローストしたもの）— 30g
A ┌ 絹ごし豆腐 — 100g
　│ 白ねりごま、砂糖 — 各大さじ½
　└ 薄口しょうゆ — 小さじ½
ディル — 2〜3本

作り方

1. 絹ごし豆腐はキッチンペーパーで包み、上に70gくらいの重しをのせて30分ほどおき、残りの**A**の材料とともに、フードプロセッサーにかける。
2. 紫キャベツは2cm四方に切り、鍋に水大さじ3、塩とともに入れて蓋をして中弱火にかけ、好みのやわらかさに加熱する。火を止め、酢をまわし入れて混ぜる。冷めたら手で水けを絞る。
3. 粗く刻むか、手で砕いたくるみ、ブルーベリーを**2**に和え、器に盛る。**1**のソースとディルを添え、和えて食べる。

Point

豆腐はペーパーで包み、平らな板、適度な重さの皿などをのせ水切りする。

こんなお酒が合う！

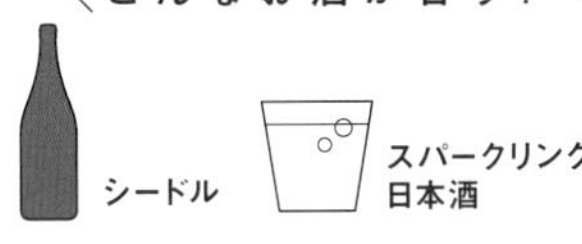

さっぱりと合わせるりんごのお酒、シードル。この組み合わせは意外と男性も好きな印象で、万人に楽しんでもらえるマリアージュ。もしも衝撃的なマリアージュをしたいなら、焼酎と青汁で青汁ハイを。合います！

長いものシャキシャキ感と、アボカドのねっとり感がベストマッチ

長いものアボカドわさび和え

材料（2〜3人分）

長いも — 180g

A
- アボカド — 小さめ1個
- オリーブオイル — 大さじ2
- 薄口しょうゆ、わさび、レモン汁 — 各小さじ1
- 塩 — 小さじ⅓

生ハム — 6枚くらい

作り方

1. 長いもは皮をむき、キッチンペーパーなどでふわりと包み、上から麺棒などで叩いて一口大に割る。
2. **A**のアボカドは皮と種を取り除いてボウルに入れ、残りの**A**の材料と合わせ、フォークなどでなめらかになるようにつぶす。
3. **1**を加えてさっと和え、器に盛る。生ハムを添え、好みで巻いて食べる。

こんな お酒 が 合う！

緑茶のうまみと生ハムのうまみを合わせて余韻を楽しむマリアージュ。長いものねっとり感がうまみをさらに引き出します。

撮影スタッフも歓喜の食材マッチング

しめさば、クリチ、和からし

材料（2〜3人分）

市販のしめさば（半身）— 1枚
クリームチーズ（室温におく）— 50g
粉からし・水— 各大さじ1
（よく溶き混ぜる）
きゅうり — 1本
オリーブオイル — 大さじ1
塩 — 少々
文旦やグレープフルーツ（好みで）— 4房分
白炒りごま — 小さじ2

作り方

1. しめさばは形をくずさないように1cm幅に切る。
2. きゅうりは縦に薄切りにし、オリーブオイルと塩、薄皮をむいてちぎった文旦、白ごまと和える。
3. 器に**1**を形を整えて盛り、皮目にクリームチーズを塗り、和からしをかける。**2**を添える。

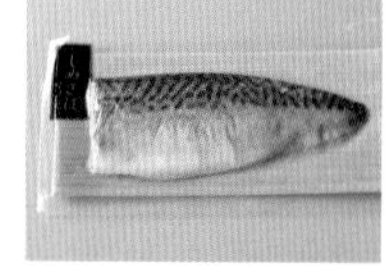

Point
しめさばはスーパーなどで売っている真空パックでOK。

こんな お酒 が 合う！

ナチュールワイン（にごり系）

日本酒（フルーティータイプ）

ジンソーダにヨーグルトドリンク

魚、乳脂肪、辛み、生野菜に柑橘と、いろんな要素があるおつまみ。にごりのあるナチュールは、冷やしすぎず香りを大切に。何回も試したくなります。缶のジンソーダも合いますが、ヨーグルトドリンクを入れると衝撃の味変！

Maki's advice
生ハムはあえて国産のやわらかいものを。塩みと軽やかなうまみをプラス。えごまや青じその葉で巻くのもおいしい！
Maki's advice
おすすめは粉からし。からしの香りと辛みがきいてクリームチーズやさばをキュッと引き締めます。チューブからしの場合は水でのばすとチーズとなじみがいい。

Quick
かんたんツマミ

Maki's advice

新じゃがない時期は男爵で。2〜4つ割りにして使って。とろろ昆布はおぼろ昆布でもOK。ドライトマト、とろろ昆布、じゃがいも、酒、すべてをバターがつないでくれるイメージ。

バター、ドライトマト、とろろ昆布、少量ずつでも最強うまみ食材のタッグ！

新じゃがのトマトとろろ昆布バター

材料（3〜4人分）

新じゃがいも — 8〜10個
バター — 30g
A
- ドライトマトの粗みじん切り — 大さじ2
- 紹興酒（または日本酒） — 大さじ2
- 塩、粗挽き黒こしょう — 各少々

とろろ昆布 — 5g

作り方

1. じゃがいもは皮をよく洗い、水けをきる。
2. 水100mℓとバター、**1**を鍋に入れ、蓋をして中弱火にかける。途中焦げるようなら、火を弱めたり、水少々を足しながら、中心まで竹串がすっと通るようになるまで加熱する。
3. じゃがいもがやわらかくなったら水分を捨て、おたまなどで軽くつぶす。**A**を入れ、じゃがいもにまぶすように和える。とろろ昆布を加え、さらに絡める。

Point
じゃがいもはおたまやビンの底などでつぶすことで、調味料の味が絡みやすくなる。

こんなお酒が合う！

ロゼワイン

トマッコリ
（マッコリ＋トマトジュース）

クラフトビール

マッコリも合いますが、トマトジュースがあればカクテルがおすすめ。その名も「トマッコリ」。濃厚なマッコリにトマトの味わいをのせたカクテル。ドライトマトのうまみと調和します。クラフトビールならピルスナーを。

Maki's advice

あえて赤ワインの濃い渋みを合わせることで、かつおの赤身の独特の味の濃さが、不思議と和らぐ。その日に飲むワインをちょっと拝借しても。キッチンドリンカーするのもよし。

かつおと羊かんは厚切りがいちばん!! 赤ワインの渋みが赤身のかつおにマッチ!

かつおの赤ワインマリネ

材料（2〜3人分）

かつお（生食用／市販のたたきでも可）— 1さく（400g）
塩、粗挽き黒こしょう — 各少々

A
- 赤ワイン — 大さじ3
- しょうゆ — 大さじ1½
- 砂糖 — 大さじ1
- にんにくすりおろし — 小さじ½

B
- クリームチーズ（室温に戻す）— 40g
- 牛乳 — 大さじ2
- 塩 — 少々

オリーブオイル — 大さじ1
みょうがの薄切り — 2個分

作り方

1. かつおは表面に塩をふり、冷蔵庫に15分ほどおく。表面の水けをキッチンペーパーで吸い取る。
2. **A**をよく混ぜて砂糖を溶かし、ジッパーつきの厚手のポリ袋に**1**とともに入れ、冷蔵庫に30分〜1時間おいてマリネする。ボウルに**B**を入れ、なめらかになるまで混ぜる。
3. マリネしたかつおを厚めに切って器に盛り、みょうがを散らしてオリーブオイルと塩と黒こしょうをかけ、**B**のソースを添える。

こんなお酒が合う！

赤ワイン

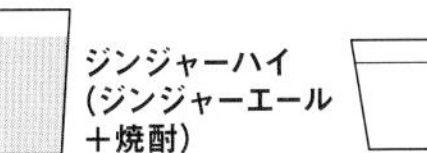
ほうじ茶ハイ（ほうじ茶＋焼酎）
ジンジャーハイ（ジンジャーエール＋焼酎）
日本酒

日本酒にオレンジの皮を加えてカクテルにすると、家と思えないクオリティに。日本酒そのままでもおいしいですが、オレンジがあれば、ぜひ味変をしてみてください。

COLUMN

by Yukihiro Shindo

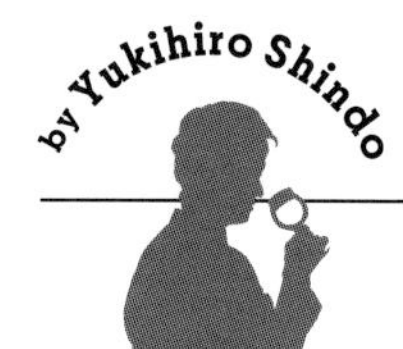

5分でわかる！

日本酒の合わせ方

この本のレシピは、和の食材が使われているのが特徴。だから多くの料理は日本酒との相性がいいのです。
日本酒のタイプを知ったうえで、料理と合わせると、より楽しめます。
まずは日本酒のボトルを見て、どんなタイプなのか、知ることから始めましょう。

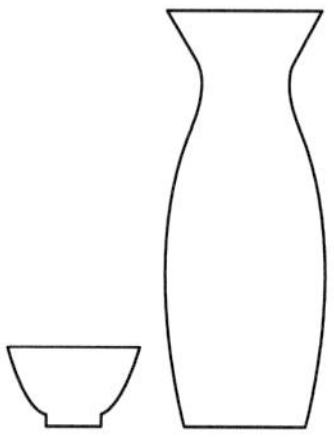

日本酒は米、米麹、水を主な原料としたお酒。
玄米のまわりを削って中心の雑味が少ない心白を使います。
磨き方によって特徴が分かれます。
日本酒の主なタイプは以下の4種類。
実際にどのようなお料理と合わせるかも含めて説明します。

日本酒の4タイプ分類

まずはボトルの表記を見ながら味わってみて

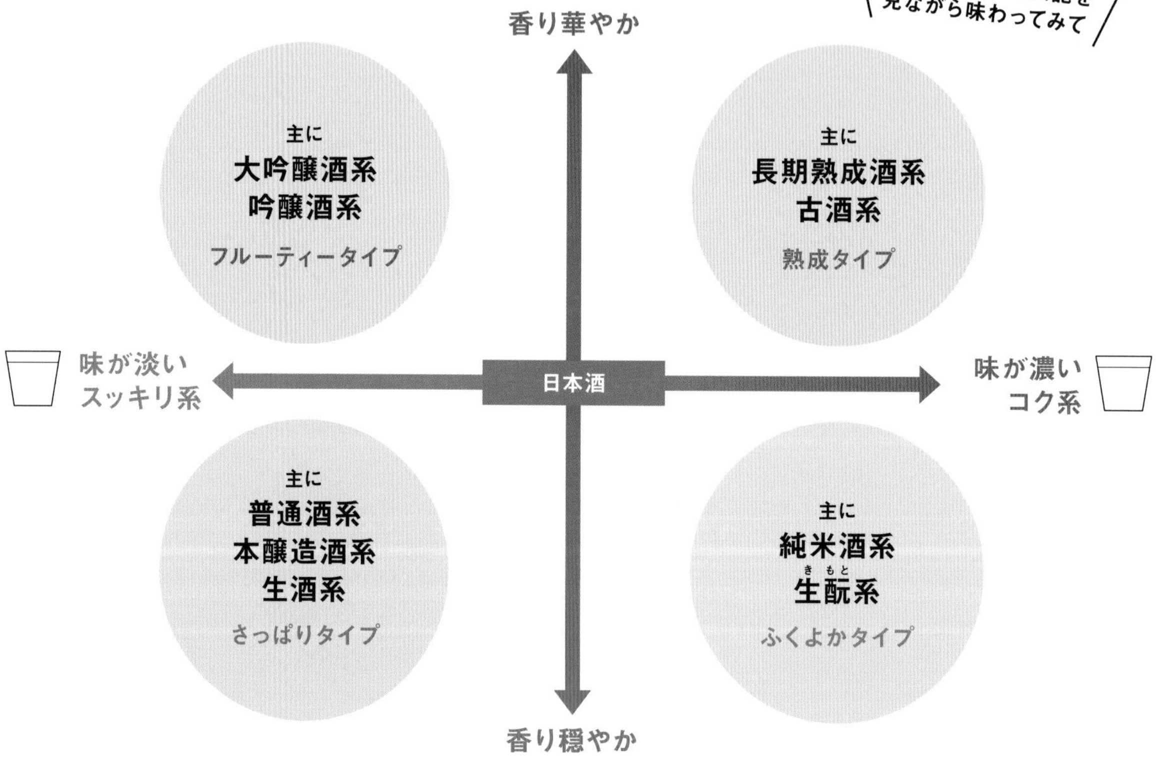
香り華やか
主に
大吟醸酒系
吟醸酒系
フルーティータイプ
主に
長期熟成酒系
古酒系
熟成タイプ
味が淡い
スッキリ系
日本酒
味が濃い
コク系
主に
普通酒系
本醸造酒系
生酒系
さっぱりタイプ
主に
純米酒系
生酛（きもと）系
ふくよかタイプ
香り穏やか

大吟醸酒系
吟醸酒系

香り高い吟醸香が特徴。柑橘類の香りから始まり、くだもの全般の香りや花、ハーブのような香りが特徴の、さわやかなタイプ。

合う料理や食材

[しめさば、クリチ、和からし]（P46）
白身魚の刺身、サラダ、ハーブを使った料理、エスニック料理

普通酒系
本醸造酒系
生酒系

さわやかで淡麗な味わいの日本酒が多く、万能に合わせやすく、春から夏に向けたさわやかなマリアージュにおすすめのタイプ。

合う料理や食材

[豚と切り干し大根、黒酢バターポットロースト]（P60）
塩の焼き鳥、豆腐料理、フレッシュなチーズ、あさり等貝類の料理

純米酒系
生酛系

コクのある日本酒が多く、香りは控えめでひのきやはちみつのようなアロマ感がある。米のみで作った純米酒が多く、ふくよかな味わい。

合う料理や食材

[海苔クリームソースのチキンソテー]（P52）
BBQ、煮込み料理、たれの焼き鳥、焼肉

長期熟成酒系
古酒系

熟成したねっとりとした味わいが特徴。香りはレーズンやナッツ、スパイス、きのこが感じ取れ、比較的しっかりとした料理と相性がいい。

合う料理や食材

[ラムチョップのみそ焼き山椒カシューナッツ]（P62）
塩辛やからすみ、麻婆豆腐、ブルーチーズ、チョコレート

飲み方

また、日本酒の特徴は温められること。代表的な燗酒や冷酒の温度のおすすめをご紹介します。
純米酒系や生酛系が主に熱燗におすすめですが、好みで他のタイプを温めて楽しんでも。

50℃ 熱燗
鍋料理や煮込みにおすすめ

40℃ ぬる燗
焼き魚や、しょうが焼きなどしょうがやにんにくのお料理におすすめ

30℃ 日向燗
さまざまなお料理と相性がいい

10℃ 花冷え
淡白なお刺身やサラダと合わせて

ZAKU

Chapter

2

Meat & Fish

肉と魚介のごちそう系おつまみ

肉と魚介を使った、ボリュームのあるおつまみです。
日本特有の食材といろいろな国の食材を組み合わせ、
さまざまなお酒に合うようにしました。
味、食感、香り……といった角度で立体感をもたせると、
合わせるお酒によって違ったおいしさや気分を味わえます。
おもてなしにも喜ばれる一皿になります。

フィレンツェ発祥「鶏バター」を白みそソースで濃厚に

鶏肉のじっくりソテー　白みそバターソース

材料（2人分）

鶏むね肉 — 1枚（350g）
※なるべく厚みが均一のものを選ぶのがおすすめ。
塩 — 少々
バター — 40g
白みそ — 大さじ1
レモン汁（好みで） — 適量
粉山椒 — 少々

鶏むね肉は強火で加熱するとパサつくので、バターを含ませながら弱火でじっくりゆっくり火入れを。白みそは、少量でもやさしい甘さとコクが出ます。どんな色のワインにも日本のお酒にも合いやすくなるのです。

作り方

1. 鶏肉に塩をふり、10分ほどおいて室温に戻す。
2. 直径20㎝くらいのフライパンにバターを入れて中弱火で熱し、鶏肉の皮目を下にして入れる。鶏肉に溶けたバターをまわしかけ、蓋をして弱火にし、途中、2〜3回ほどバターをまわしかけながら20分ほど加熱する。裏返して火を止め、蓋をしたまま10分おき、鶏肉を取り出し、カットする。
3. バターの残ったフライパンを弱火にかけ、白みそを入れて溶かし混ぜる。好みでレモン汁を加えて混ぜ、ソースを作る。
4. 器に**3**を流し入れて**2**の鶏肉をおき、粉山椒をふる。

Point

〈フランス料理でいうアロゼの手法〉
熱い油をまわしかけながら余熱でじっくり火を通す調理方法。むね肉がしっとり仕上がります。

＼こんなお酒が合う！／

鶏肉のジューシーさには、シャンパーニュのさわやかながら複雑な味わいがとてもよく合います。芋焼酎は冬ならお湯割りなどにしても。白ワインはコクのあるタイプやタル香のあるものがぴったりときます。

ぜひ一度は作ってほしい、家飲みのレベルを上げるから揚げ

ココナッツメープル花椒(ホワジャオ)チキン

材料（2〜3人分）

鶏手羽先 — 8本
塩 — 適量
紹興酒（または水）— 小さじ2
片栗粉 — 大さじ3
揚げ油 — 適量
油 — 大さじ2
ココナッツシュレッド — 30g
花椒 — 大さじ2
A ┌ メープルシロップ — 大さじ2
　 └ しょうゆ — 小さじ1

作り方

1. **A**は混ぜ合わせておく。手羽先の両面に塩少々をふり、紹興酒、片栗粉をまぶす。
2. 揚げ油を170℃に熱し、**1**の手羽先をなるべく重ならないように入れる。衣がかたくなるまであまり触らない。3分ほど揚げ、取り出す。
3. フライパンに油とココナッツシュレッド、花椒を入れ、弱火で炒める。花椒が香り、ココナッツシュレッドが色づいたら**2**を入れ、塩少々をふり、炒め合わせる。
4. 鍋肌から**A**をまわし入れ、まんべんなく炒め合わせる。

アジアのB級屋台料理を妄想した味。ココナッツの南国っぽい味を入れることで、雰囲気が一変。甘じょっぱ×花椒の辛みで味の奥行きがすごい！と友人に人気の一品。エスニックなメニューの日にも、普段使いにも合う一品。

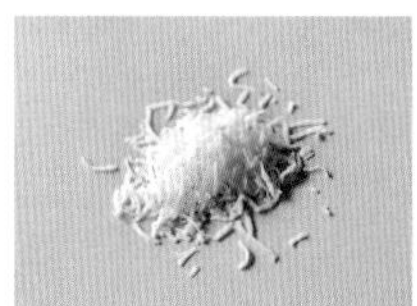

Point　ココナッツシュレッドとメープルシロップのコクにぴりっとした花椒！ 魔法のマリアージュです。

＼こんなお酒が合う！＼

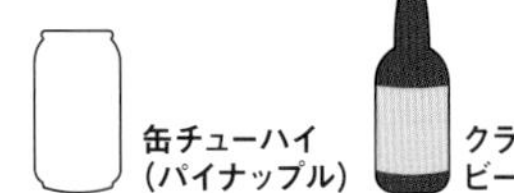
缶チューハイ（パイナップル）

クラフトビール

ジントニック

南国のマリアージュをイメージして。もしパイナップルチューハイが甘すぎるようなら炭酸を加えてもOK。クラフトビールならホワイト系が合います。言わずもがな、普通の缶ビールでも文句なしにおいしい！ ジントニックはライムなど柑橘を落としても。

海苔たっぷりのクリームソースをチキンに思いきり絡めてどうぞ！

海苔クリームソースのチキンソテー

材料（2〜3人分）

鶏もも肉 — 1枚（350g）
塩 — 少々
エリンギ — 2本
にんにく — 1片
油 — 小さじ1
白ワイン — 50mℓ
チキンブイヨン — 50mℓ
焼き海苔（全形）— 2枚
生クリーム
（乳脂肪37〜38%）— 100mℓ
塩、こしょう — 各少々
七味唐辛子（好みで）— 適量

Maki's advice

皮をパリッと焼くコツは、まず鶏肉の余分な脂と筋を取り除いておくこと。そうしないと脂の中で煮るようなことになってしまいます。そして皮目にしっかり火を通すのがポイント。重しをすると身がつぶれるので、私は軽くヘラなどで押さえながら、ジューシーに焼き上げます。

作り方

1. エリンギは5㎜厚さの輪切りにし、かさの部分は食べやすい大きさに放射状に切る。にんにくは包丁の腹でつぶして芽を取り除く。鶏肉は余分な脂、筋を取り除き、両面に塩少々をふる。
2. フライパンに油とにんにくを入れ、中火にかけ、**1**の鶏肉を皮目を下にして入れる。空いているところにエリンギを入れ、両面に焼き色がついたら、いったん取り出す。
3. 鶏肉の皮目に焼き色がついたら裏返し、白ワインを加え、ひと煮立ちしたらブイヨンを加える。エリンギを戻し入れ、蓋をして5分ほど煮て鶏肉に火を通し、火を消す。鶏とエリンギだけ取り出し器に盛る。
4. **3**のフライパンに海苔を細かくちぎり入れ、フライパンに残ったにんにくもスプーンの背などでつぶして全体を混ぜる。生クリームを加え、中火にかけ、塩、こしょうで味をととのえる。**3**の器に流し入れ、好みで七味唐辛子をふる。

こんなお酒が合う！

白ワイン（コク系）

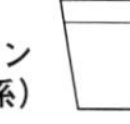
日本酒（コク系）

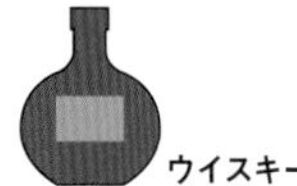
ウイスキー

濃厚クリームソース×白身の肉や魚料理に合わせる白ワインはあまり冷やしすぎないのがコツ。こっくりと濃い味わいのものだとバランスがとれます。海苔を使ったソースは日本酒にもぴったり。ウイスキーなら水割りにしても相性がいいです。

チーズタッカルビからインスパイアされた料理！

コリアン・クアトロ・フォルマッジョ

材料（2〜3人分）

牛赤身薄切り肉 — 300g
パプリカ（赤、黄）— 各1/3個
塩 — 少々
イエローチェダーチーズ、レッドチェダーチーズ、
　ブルーチーズ — 各60g
モッツァレラチーズ — 1個（100g）
ごま油 — 大さじ1

A
- 日本酒、コチュジャン — 各大さじ2
- しょうゆ、砂糖 — 各大さじ1
- しょうがすりおろし — 小さじ2
- にんにくすりおろし — 小さじ1/2

作り方

1. チーズは早く溶けるようにそれぞれ薄切りにして分けておく。**A**は混ぜ合わせておく。パプリカは細長い乱切りにする。
2. フライパンにごま油の半量を入れて中火にかけ、パプリカを入れて炒め、塩をふる。火が通ったら、いったん取り出す。
3. 同じフライパンに残りのごま油を入れ、牛肉を入れてほぐしながら炒める。色が変わったら**A**をまわし入れ、全体に味がなじんだら**2**のパプリカを戻し入れ、炒め合わせる。
4. 別のフライパンにチーズをそれぞれ1/4のスペースに分けてのせ、弱火にかける。好みの加減に溶けたら、**3**を中央にのせる。

チーズのコクがあるので牛赤身肉でバランスをとりましたが、鶏むね肉やもも肉、豚切り落とし肉などでも。ホットプレートをお持ちの方は溶かしながら食べて。見た目に楽しく、チーズを食べ比べできて、お酒が進みます。

Point

チーズは4種揃えなくても、2〜3種でもOK。もちろんピザ用チーズで気軽に楽しんでも！

こんなお酒が合う！

マッコリ

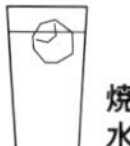
白ワイン（コク系）

焼酎の水割り

韓国料理にはマッコリ。マッコリに黒七味（なければ七味唐辛子）をふるのもおいしいです。味変すると、一風変わったマリアージュを楽しめます。チーズなので白ワインも相性◎。焼酎は韓国焼酎の感覚で合わせました。

らっきょうは薬味的な具としてたっぷり投入

らっきょうミートボール トマト煮

材料（3〜4人分）

豚ひき肉 — 300g
A「塩 — 小さじ½
　 粗挽き黒こしょう — 少々
らっきょう（市販）— 10粒
B「パクチーの茎のみじん切り — 大さじ1
　 クミンシード — 小さじ1
トマト — 大1個
にんにく — 1片
C「玉ねぎのみじん切り — 中½個分
　 クミンシード — 小さじ½
　 塩 — 少々
オリーブオイル — 大さじ1
パクチーの葉 — 適量

Maki's advice

ミートボールは焼いたり揚げたりの手間を省き、じかに煮る。割れたりくずれたりしないコツは触りすぎないこと。そして蓋をぴったりしてしまうと、加熱された空気が膨張し、ミートボールがくずれてしまいます。蓋を少しずらして空気の逃げ場を作ると◎。

作り方

1. らっきょうは水けをよくきり、縦にごく薄切りにする。
2. ボウルにひき肉、**A**を入れ、手でよく練り混ぜる。**1**と**B**を加えて混ぜ、直径4cmほどに丸める。
3. にんにくは包丁の腹でつぶし、芽を取り除く。トマトは湯むきし、種ごと1cm角くらいの角切りにする。
4. 煮込み用鍋にオリーブオイルを入れて弱火にかけ、にんにくと**C**を入れ、蓋をする。時々混ぜ、しんなりしたらトマトを入れ、再び蓋をする。軽く煮立ったら中弱火にし、**2**を入れ、蓋を少しずらしてのせ、火が通るまで10分ほど加熱する。途中でそっと裏返す。
5. 器に盛り、パクチーの葉を散らす。

Point らっきょうは、玉ねぎやにんにくのような香味野菜と食感のいい具の二役を担っています。

こんなお酒が合う！

冷やした赤ワイン（軽い系）

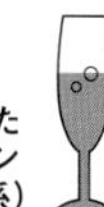

ロゼ スパークリングワイン

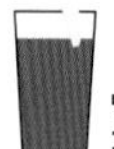

ウイスキーコーク

赤ワインは冷やすと印象が大分変わります。ぶどうの香りをしっかりと感じつつ、らっきょうの独特な味わいと相まって共鳴するマリアージュ。甘酸っぱさがおいしい料理なので、ウイスキーにコーラを足したウイスキーコークも合う！

肉

パイナップルではなくマンゴーで南国感マシマシ！　バジルを加えボーダレスに！

マンゴーバジルのくるくる酢豚

材料（2〜3人分）

豚バラ薄切り肉 — 200g
塩 — 小さじ1/4
こしょう — 少々
クミンシード — 小さじ2
片栗粉 — 大さじ2
ドライマンゴー — 30g
※ひたひたのぬるま湯につけてやわらかくする。30分〜1時間くらいが目安。
紫玉ねぎ（普通の玉ねぎでも）— 小1/4個
バジルの葉 — 8〜10枚
油 — 小さじ1

A
- トマトケチャップ — 大さじ1
- 砂糖 — 大さじ3
- しょうゆ — 小さじ2
- 米酢 — 大さじ1 1/2
- 水 — 大さじ2
- 片栗粉 — 小さじ1

Maki's advice

「酢豚にパイナップル」の感覚で、甘酸っぱいマンゴーを入れました。さらに濃厚で南国感の強い印象になるので、クミンやバジルをきかせて香りを膨らまします。豚肩ロース肉で作ってももちろんOK。

作り方

1. マンゴーは太めのせん切りにする。玉ねぎは幅1cmのくし形に切る。**A**は混ぜ合わせておく。
2. 豚肉は長いようなら半分に切る。まな板に広げて塩、こしょうをふり、クミンシードを散らして手前から細長いラグビーボール状に巻き、片栗粉をまぶす。
3. フライパンに油を入れて中弱火にかけ、巻き終わりを下にして**2**の豚肉を入れて焼き、色が変わったら裏返す。玉ねぎを加えて炒め合わせ、豚肉に火が通ったら、**A**をまわし入れ、強火にしてフライパンをゆすりながら加熱する。ひと煮立ちしたら**1**のマンゴーを入れ、フライパンをあおって絡める。
4. 器に盛り、バジルを散らす。

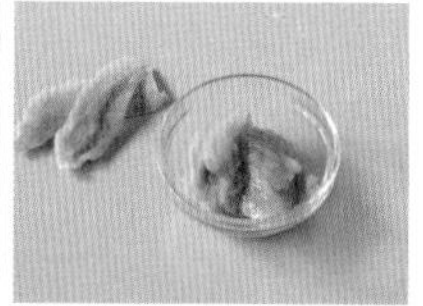

Point　肉は、左右にずらしながら巻き、厚みが均一になるように。マンゴーは戻すととろりとします。

こんなお酒が合う！

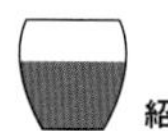
紹興酒

赤ワイン（軽い系）

泡盛のコーヒー割り

沖縄で驚いたのが、現地では泡盛をアイスコーヒーで割って飲む人が多いということ。これがこの酢豚にとてもよく合います。泡盛ロックやソーダ割りでももちろん◎。王道でいくなら紹興酒は間違いない組み合わせ。軽めの赤ワインも合います。

肉

干し大根がうまみをたっぷり吸い、言葉にならないおいしさ

豚と割り干し大根、黒酢バターポットロースト

材料（4人分）

豚肩ロースかたまり肉 — 400g
割り干し大根 — 50g
※なければ切り干し大根でも。
塩 — 小さじ½
こしょう — 適量
バター — 30g
ごま油 — 小さじ1
日本酒または焼酎 — 50mℓ
A
チキンブイヨン — 100mℓ
中国黒酢 — 大さじ2
しょうゆ — 大さじ1
砂糖 — 大さじ½
ローズマリー — 2本
粒マスタード（好みで）— 適量

干し大根と豚肉、それはうまみとうまみのぶつかり合い。大根がたっぷりとうまみを吸い、もう絶品！ きっと食べたことのないおいしさです。中国黒酢は、いい意味での雑味がいい仕事をしてくれます。バターのコクとも相性よし！

作り方

1. 干し大根はボウルに入れ、たっぷりの水を入れて手でもみ洗いする。汚れが出なくなるまで2〜3回繰り返す。たっぷりの水にやわらかくなるまで30分ほど浸けたら手で水けを絞り、4〜5㎝長さに切る。
2. 豚肉は塩をまぶし、20分ほどおいて室温に戻し、こしょう少々をふる。
3. 厚手の鍋を中弱火にかけ、バターと**1**を入れ、こしょう少々をふって炒める。
4. フライパンにごま油を入れて強火にかけて温まったら、**2**の豚肉を入れ、全面に焼き色がつくよう焼き、**3**の鍋に移す。
5. **4**のフライパンに酒を加え、ひと煮立ちしたら**3**の鍋に注ぐ。**A**も加え、蓋をして中火にし、沸いたら弱火にする。途中、豚肉の上下と干し大根を返して全部で20分ほど加熱し、火を止めて蓋をしたまま15分ほどおく（余熱を使うと肉がジューシーに）。
6. 豚肉を好みの厚さに切り分けて器に盛り、干し大根に黒酢少々（分量外）を加えて盛り合わせる。好みで粒マスタードを添える。

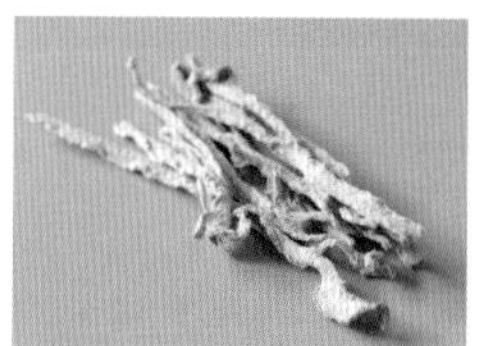

Point
割り干し大根は縦に細長く切って干したもの。切り干し大根より厚みがあるため、歯ごたえも楽しめます。

こんなお酒が合う！

日本酒（コク系）

白ワイン（さっぱり系）

麦焼酎

日本酒は常温または熱燗が合う一品。温めると干し大根と相性よく、和を感じるマリアージュに。麦焼酎を水割りやソーダ割りで飲むのもさわやか。白ワインも間違いない組み合わせです。

STAUB

ラムの脂とこっくりにんにくみそ味がぴったり！

ラムチョップのみそ焼き 山椒カシューナッツ

材料（3〜4人分）

ラムチョップ — 8本
塩 — 少々
カシューナッツ — 20粒
オリーブオイル — 小さじ2
A
- みそ — 50g
- 砂糖 — 大さじ2
- 酒 — 小さじ1
- にんにくすりおろし — 小さじ½
- 粗挽き黒こしょう — 小さじ1

山椒の葉（木の芽）— 適量
（またはミント、しそもおすすめ）

ラムはクセのある風味がおいしいので、にんにくを加えたみそのこってりとした味わいが合うと思います！　こうすることでワインはもちろん、日本のお酒など幅広いお酒に合う料理に。ナッツは他のナッツでもOKです。

作り方

1. ラムチョップに塩をふり、10分ほどおいて室温に戻す。**A**は混ぜ合わせる。カシューナッツは粗く刻む。
2. フライパンにオリーブオイルを入れて中火にかけ、ラムチョップの両面を焼き、中心まで火を通す。**A**をまわし入れて肉に絡める。
3. 器に盛り、カシューナッツと山椒の葉をのせる。

Point
ラムはしっかり常温に戻すことで火入れがうまくいく。下味もしっかりつけて。

＼こんなお酒が合う！＼

赤ワイン（重い系）

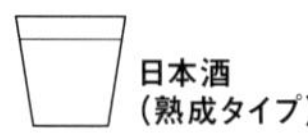
日本酒（熟成タイプ）

クラフトビール

ワイン、日本酒ともに相性がいい、しっかり味のおつまみ。スッキリ系の日本酒ならこんなアレンジをしても→耐熱容器に本みりん大さじ1を入れて日本酒を100mℓほど加え、電子レンジで人肌より熱く温めます。飲みながらレモンを入れても楽しめます。

肉

期待を裏切らない、至高のリッチなマッチング

牛といくら、わさびクリーム

材料（4人分）

牛ステーキ肉（赤身）— 200g
塩 — 少々
油 — 大さじ1
A
- 赤ワイン — 大さじ2
- しょうゆ — 大さじ1
- はちみつ — 小さじ1

いくらしょうゆ漬け（市販）— 好みの量
B
- クリームチーズ（室温に戻す）— 50g
- 牛乳（室温に戻す）— 大さじ1〜2
- 塩 — 少々
- わさび — 小さじ½〜1

好みの塩 — 適量
ディル（好みで）— 適量

Maki's advice

さっぱりした赤身肉にいくらでオイリー感を補う贅沢な組み合わせ。火入れは赤身感を残すのが私は好み。肉は焼いたら肉汁や血が落ち着くまで休ませるのが最大のポイント。ホイルと厚手のタオルなどで包み冷めないようにして。カットしたときに血や肉汁が流れにくくなります。

作り方

1. 牛肉に塩をふり、10分ほどおいて室温に戻す。出てきた水分はキッチンペーパーで押さえて取り除く。**A**をジッパーつきポリ袋に入れ、牛肉を入れて密封し、冷暗所で15分ほど漬ける。
2. 牛肉を取り出し、漬け汁をきる。漬け汁は取っておく。
3. フライパンを中火にかけて油を入れて熱し、**2**の牛肉を入れて両面を焼く。厚みにもよるが、ミディアムな焼き加減にしたいなら、片面1分半〜2分ずつ焼くのが目安。
4. 牛肉をアルミホイルに取り出し、フライパンに漬け汁を入れて少し煮詰めて牛肉にまわしかける。アルミホイルでふわりと包んで、さらに厚手の布巾かタオルで包み、暖かいところで保温し、30分ほどおく。
5. わさびクリームを作る。ボウルに**B**を入れ、なめらかになるまで練り混ぜる。
6. 牛肉を斜めに薄くスライスして器に重ならないように並べ、その上にわさびクリーム、いくらをのせ、好みでディルを添える。好みで塩をふり、牛肉でくるむようにして食べるのがおすすめ。

Point

赤身のステーキ肉でも手軽にローストビーフ的なものが作れます。

こんなお酒が合う！

シャンパーニュ

クラフトビール

赤ワイン（軽い系）

シャンパーニュは何にでも合う万能選手。今回はシャンパーニュの味変をご紹介します。シャンパーニュを半分お楽しみいただき、黒ビールを入れると「ブラックベルベット」というカクテルに！黒ビールがあるときはぜひ挑戦してみてください。

肉

マッシュルームやルッコラなど洋物野菜もよく合うすき焼き

すき焼きヴァンルージュ

材料(2人分)

牛すき焼き用肉 — 4〜6枚
マッシュルーム — 6個
牛脂(またはバター) — 適量
シナモンスティック(あれば) — ½本
(またはシナモンパウダー — 少々)
砂糖 — 大さじ3
赤ワイン(室温に戻す)、しょうゆ — 各大さじ3
昆布水*(好みで) — 適量
ルッコラ(好みで) — 適量
卵(鮮度のいいもの) — 適量

***昆布水の作り方**
昆布5cm四方と水200mℓを合わせて一晩おく。急ぐときは、昆布を水に1時間浸けてから、中弱火にかけ、軽く煮立ったら火を止め、昆布を取り出す。

作り方

1. マッシュルームは石づきを切り落とし、縦2つに切る。
2. すき焼き用鍋を中火にかけ、牛脂またはバターを溶かし、シナモンを入れ、砂糖をふり入れる。
3. マッシュルームの切り口を下にして入れて転がし焼きながら、砂糖が色づいてきたら牛肉の半量を入れる。赤ワイン、しょうゆをまわし入れ、好みで昆布水、ルッコラを入れる。好きな焼き加減で溶き卵につけて食べる。残りの肉や野菜も加熱しながら食べる。

Maki's advice

赤ワインを加えると、肉の向こうに芳わしい香りがあらわれ、なんとも大人なおいしさに。いい肉を買ったら火を通しすぎないで。脂がとろりと溶け出たくらいで食べるのがおすすめ。シナモンはお好みでOK。

こんなお酒が合う!

ウイスキー

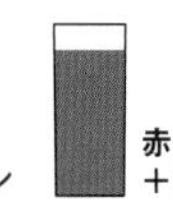
赤ワイン

赤ワイン
+ラム

赤ワインそのままでもよく合いますが、隠し味のシナモンに合わせてほんのちょっとラムを入れるとより相乗効果が高くなるマリアージュに。ウイスキーはハイボールにしたり、コーラで割ってウイスキーコークにするのもぴったり。香りを大切にしたいお料理。

ゆずこしょうで新感覚！ 好みの刺身プレートで楽しんで

刺身プレートのセビーチェ

材料（2人分）

刺身プレート（市販の盛り合わせ）— 150g

※ここではきはだまぐろ、ひらまさ、かます、甘えびを使用。

塩 — 少々

A
- レモン汁（またはライムの搾り汁）— 大さじ2
- にんにくすりおろし — 小さじ½
- ゆずこしょう — 小さじ1
- パクチーの茎のみじん切り — 大さじ1

わかめのマリネ

生わかめ — 60g

B
- 塩 — 少々
- レモン汁 — 小さじ1〜2
- オリーブオイル — 大さじ1
- ケッパー（小粒）— 大さじ1
  （大きいタイプは包丁で粗みじん切りにする）

作り方

1. 刺身に塩をふる。
2. ボウルに**A**を混ぜ合わせ、**1**を加えてさらに混ぜ、5分ほどおく。
3. わかめは食べやすい大きさに切り、**B**で和える。
4. プレートにツマや青じそがついていれば、それぞれ洗ってよく水けをきり、器に外円を描くように盛り、中心に**3**、**2**を盛り合わせる。

Point

本来セビーチェは白身魚がメインですが、ほたてやたこ入りなどミックスされた盛り合わせだと楽しめます。

セビーチェは日本人がペルーで進化させたとも言われる、ペルーの刺身料理。ここではゆずこしょうで、香りとピリリとした辛みをきかせることで、ストレートなレモンの酸味にふくよかさを持たせます。

＼こんなお酒が合う！／

日本酒をそのまま楽しんだあとは、レモンやライムを搾ってみてください。一気に洋風なイメージのマリアージュに。芋焼酎のソーダ割りにレモンやライムを加えるのもおすすめ。飲みやすいレモンサワーも◎。スパークリングワインはセビーチェにぴったり。

アツアツの油をジュッ！　とかけて広がる香りの魔法

たこと長ねぎ、ドライトマトのホットカルパッチョ

材料（2〜3人分）

ゆでだこの足（薄切り）— 100g
塩 — 適量
ドライトマトのオイル漬け（粗みじん切り）— 大さじ1
A
- 長ねぎ（粗みじん切り）— 20cm分
- 塩 — 少々
- ナンプラー — 小さじ1
- レモン汁 — 小さじ2
- 粉チーズ — 大さじ2

オリーブオイル — 大さじ2
粗挽き黒こしょう（好みで）— 適量

作り方

1. 器にオリーブオイル少々（分量外）を薄く塗る。たこを重ならないように並べて塩をふり、ドライトマトを散らす。
2. Aを上から順にまわしかける。オリーブオイルを小鍋で熱し、まわしかける。好みで粗挽き黒こしょうをふる。

Maki's advice

アツアツの油をジュッとかけることで、ナンプラーや粉チーズ、レモン、ねぎの香りが引き立ちます。これぞマリアージュ！という組み合わせ。たこさえあればとても簡単に作れるので、ぜひ。飽きのこない味わいです。

こんなお酒が合う！

日本酒
缶チューハイ（グレープフルーツ）
ポカリスウェットハイ

日本酒はソーダ割りにして軽やかに。チューハイは、淡白なたこにグレープフルーツを合わせてさっぱりとするペアリング。「本搾り」のような果汁多めの缶チューハイもおすすめ。スポーツドリンクを焼酎で割るのも意外なおいしさです！

魚

あんはえびだけで作る、ぷりっぷりな水餃子

えびのぷりぷり水餃子 ハーブ大根おろしで

材料（14個分）

水餃子の皮（ワンタンの皮でも可）— 14枚
えび（ブラックタイガーなど頭や殻を除いたもの）
— 正味200g
塩 — 小さじ1/3
ごま油 — 小さじ1
大根おろし — 2/3カップ分
ミント、青じそ、ディルなど
好みのハーブのみじん切り — 大さじ4
A「レモン汁 — 大さじ1
 しょうゆ（ナンプラーでも可）— 大さじ2
オリーブオイル、すだち — 各適量

作り方

1. えびは包丁でところどころ粗くなるように叩き、ボウルなどに入れて、塩、ごま油を加えて練り混ぜる。

2. 水餃子の皮の中央に**1**の1/14量をおき、皮のふちに水をつけてたたむ。好みで中央にひとつ、ひだを寄せてもよい。

3. 鍋にたっぷりの湯を沸かし、ごま油小さじ2（分量外）を入れ、**2**をゆでる。浮かんできてから3分ほどで引き上げる。鍋が小さいようなら、2〜3回に分けてゆでるのがおすすめ。水餃子が重ならないくらいの個数でゆでるのが目安。

4. 大根おろしの水けを適宜きり、ハーブを混ぜる。水餃子にたっぷりのせ、好みでオリーブオイルとすだち、混ぜた**A**をたらして食べる。

Maki's advice

大根おろしに合わせたのはハーブ。みょうがや大葉のような薬味の感覚で合わせると、さらに清涼感が増し、いろいろなお酒と合う、可能性を広げてくれる一品に。えびはゴロゴロ感が残るよう所々食感が残るサイズで叩いて。

Point

今回は、ひだを1回だけ寄せる包み方にしていますが、包み方は好みでOK。

こんなお酒が合う！

ジャスミンハイ

クラフトビール

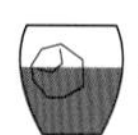
紹興酒（ロック）

ジャスミンの香りとえびがオリエンタルなイメージのマリアージュ。好みで炭酸を加えても。ビールなら、ハーブを少し拝借して加えると「ハーブビール」になり、バッチリのマッチング。

魚

ぷっくりクリーミーな牡蠣をいろいろなお酒で楽しんで

牡蠣のぴりりと山椒クリーム煮

材料（2人分）

むき牡蠣（加熱用）— 大きめ8個
塩 — 適量
米粉（薄力粉でも可）— 大さじ2〜3
ごま油 — 大さじ1
日本酒（または焼酎）— 大さじ2
生クリーム — 大さじ4
粉山椒 — 少々
レモンの皮のすりおろし（あれば）— 適量

作り方

1. 牡蠣は塩水で洗い、キッチンペーパーで水けをよく拭き取る。塩少々をふり、米粉をまぶす。フライパンに油を入れて中火にかけ、焼き色がつくように焼き、いったん汁ごと取り出す。
2. 同じフライパンに酒を入れ、ひと煮立ちしたら、生クリームを入れる。好みで塩少々をふり、ひと煮立ちしたら牡蠣を汁ごと戻し入れる。再び軽く煮立ったら器に盛り、粉山椒とレモンの皮のすりおろしを散らす。

焼くときも煮るときも、牡蠣は加熱しすぎないこと。プリッとふっくらした状態で火を止めましょう。濃厚なクリーム煮に山椒の風味でアクセントをつけているので、ワイン以外のお酒も合います。

こんなお酒が合う！

スコッチウイスキー

白ワイン（コク系）

米焼酎の水割り

ウイスキーはハイボールや水割りで。少しピート香のあるものがいいです。白ワインなら、少し濃いめのタイプが合います。米焼酎は獺祭焼酎のようなしっかりとしたタイプがおすすめ。牡蠣の磯っぽい香りと重なり美味。レモンを入れても◎。

魚

にんにく、オリーブオイルの香りとしじみのだしが五臓六腑にしみわたる

しじみあふれる日本酒のアクアパッツァ

材料(3〜4人分)

小鯛(うろこ、内臓を取り除いたもの)— 1尾
しじみ(砂抜きしたもの)— 200g
オリーブオイル — 大さじ1
にんにく — 1片
酒 — 1カップ
アンチョビ — 2枚
オリーブ(種あり・種なし、どちらでも可)— 10粒
ローズマリー — 1枝
塩 — 少々

作り方

1. にんにくは薄皮をむき、包丁の腹でつぶして芽を取り除く。
2. 鯛の両側の皮目に2〜3カ所ずつ切り込みを入れ、両面に塩をする。
3. フライパンにオリーブオイルとにんにくを入れて中火にかけ、温まったら鯛を入れ、両面を焼く。皮目にうっすら焼き色がつけばよい。
4. 酒を加え、ひと煮立ちしたら、水100㎖ほどを入れ、アンチョビ、オリーブ、ローズマリー、しじみを加える。時々煮汁をまわしかけながら、魚に火が通るまで加熱する。

しじみのだしって、すごいうまみですよね。日本酒もたっぷり加えて。にんにく、アンチョビを少し入れることでさらにうまみがぐっと上がります。魚は、鯛、キンメ、スズキ、カサゴ、真鱈、イサキなどそのとき手に入るものを。

こんなお酒が合う!

日本酒

白ワイン

ナチュールワイン(オレンジ)

日本酒を加えたアクアパッツァには日本酒がバッチリ。また、日本酒に本みりんを大さじ1ほど加えたカクテルを試してみて。みりんに含まれるコハク酸がコクとうまみを与え、しじみのうまみと鯛によく合います。オリーブやハーブにはワインもぴったり。

魚

レーズンバターがさばと出会う、ミラクルなマッチング

さばのレーズンバターソテー

材料（2人分）

さば（3枚おろしの半身）— 1枚
塩、こしょう — 各少々
バター — 50g
レーズン — 20粒くらい
※ここでは、枝付きのものを使用。枝なしのものでも可。
中国黒酢 — 小さじ1〜2
ローリエ — 2枚

作り方

1. さばは半分に切り、皮目に2〜3カ所、切り込みを入れ、両面に軽く塩、こしょうをふる。
2. フライパンにバターとローリエを入れ、中弱火にかける。さばの皮目を上にして入れ、空いているところにレーズンを入れる。フライパンを傾けて、皮目にバターをこまめにかけながら焼く。
3. 火が通ったら、黒酢を加える。

さばとレーズン、そしてレーズンとバターのトライアングル。背徳的なおいしさです。焼くときにさばにバターをかけながら焼くことで、パサつかずやわらかい仕上がりになります。ここでも中国黒酢が隠し味。味がキュッと締まります。

こんなお酒が合う！

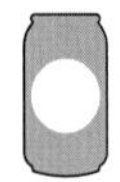

缶チューハイ（オレンジ）

さばのうまみやレーズンの甘みなどいろいろな味わいのベクトルがある料理には、オリエンタルなニュアンスを合わせて。甘みを抑えたオレンジワインや薄赤ワイン、そして意外にも「赤玉ポートワイン」も合います。缶チューハイはオレンジがなければウメなども◎。

パイシートで簡単＆極上！ バターたっぷりのパイを開けるとみそクリームのサーモンが

サーモンと青じそのパイ包み焼き

材料（2個分）

生鮭（切り身）— 小1/2切れ（40g）
塩、こしょう — 各少々
油 — 小さじ1
青じそ — 4枚
みそ — 小さじ1
クリームチーズ（1個15gくらいのもの）— 2個
市販の冷凍パイ生地（10×20㎝）— 2枚
打ち粉用薄力粉（必要なら）— 適量
卵黄（きれいな焼き色をつけたいなら）— 1/2個分

Maki's advice

パイをザクッと開けたときにみそと大葉の香りがふわっと香ります。冷凍パイシートで手軽に作るパイ包み。パイ生地がダレないよう手早く作業するのがコツ。みそとクリームチーズと鮭の相性がパイの風味、食感とマッチ。

作り方

1. 鮭は皮と骨を取り除いて2つに切り、塩、こしょうをふる。
2. フライパンに油を入れて中火にかけ、**1**の両面を焼いて中まで火を通し、取り出して冷ます。
3. オーブンペーパーの上にパイ生地をのせ、青じそを置いて茎の方に鮭1切れをのせ、鮭の上にみそ半量を広げる。クリームチーズ1個をのせ、もう1枚青じそを重ねて包む。
4. パイ生地の端に水をつける。半分に折ってパイ生地をかぶせ、空気を抜くように端を重ね、フォークの先を押しつけてとじる。同様にもう1包み作る。ふわりとラップをかぶせ、冷蔵庫で1時間ほど休ませる。
5. 卵黄を薄く塗り、包丁で手早く模様をつける。竹串にアルミホイルを巻きつけ、竹串ごとアルミホイルを中央に刺す。竹串だけを抜く。冷蔵庫に入れ、パイ生地が硬くなるまで15〜30分冷やす。
6. 200℃に予熱したオーブンで15〜20分焼く。粗熱が取れたらアルミホイルを外して器に盛る。

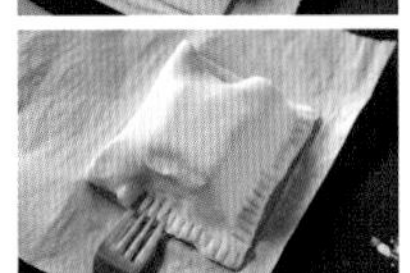
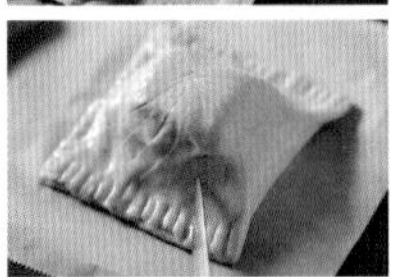
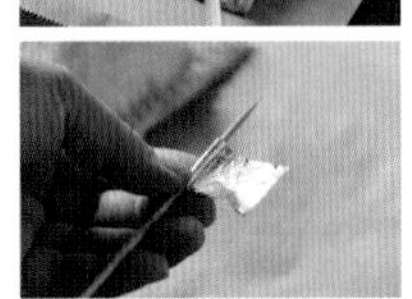

Point

フチはしっかりとフォークで押さえて。模様は描かなくてもOK。描くときはナイフを貫通させないように。竹串とアルミで空気口を作るときれいに焼き上がる。

こんなお酒が合う！

クラフトビール（ホワイト）

実はロゼワインはとても万能で、いろいろな料理と合います。今回はサーモンと色も合わせてマリアージュ。途中で、グレープフルーツやレモンの皮を指でつまんでキュッとエキスをふりかけ、風味を変えるのもおすすめ。

魚

長いもとエスニックの香りが絶妙なバランス！ しっかりした味でお酒が進みます

いわしと長いものピリ辛ナンプラー焼き

材料（3〜4人分）

生いわし — 小さめ6〜8尾
（頭はあっても、なくても好みで）

A
- 酒、ナンプラー、ごま油、レモン汁 — 各大さじ2
- 豆板醤 — 小さじ1
- 塩 — 小さじ2/3
- しょうがすりおろし — 小さじ2
- にんにくすりおろし — 小さじ1
- こしょう — 少々

長いも — 細め15㎝
ごま油 — 小さじ2
塩 — 少々
かぼす（またはすだち、レモン、ライム）— 適量

Maki's advice

いわしのうまみに負けないしっかりとした味つけで、お酒が進む！ 豆板醤でパンチのある味わいに、柑橘の酸味がおいしい。野菜は好みのものを付け合わせてOKですが、焼いた長いもはホクホクサクサクで美味。

作り方

1. いわしはうろこと内臓を取り除く。手早く水洗いし、よく水けを拭き取り、両面に細かく切り込みを入れる。**A**を混ぜ合わせ、いわしにまぶして冷蔵庫で1時間ほどおき、マリネする。

2. 長いもは皮をむき、1.5㎝幅の輪切りにする。

3. 天板にオーブンペーパーを敷いて網をのせ、**1**を並べる（P36ポークジャーキーの要領で）。200℃に予熱したオーブンまたはオーブントースター、魚焼きグリルで15分ほど焼く。

4. フライパンにごま油を入れて中弱火にかけ、**2**の長いもを入れ、両面に焼き色がつくまで焼く。塩少々をふり、器に盛る。**3**をのせ、輪切りのかぼすを添える。

Point

いわしに切り込みを入れることで味がしっかり染み込む。下味さえつけばオーブンまかせ。

こんなお酒が合う！

ナチュールワイン

紹興酒

赤ワイン（重い系）

ナチュールワインはナンプラーのような異国の味わいにもよく合わせます。紹興酒はソーダ割りでごくごく飲むのもおすすめ。また、ポルトガルや南イタリアでは青魚に赤ワインを合わせることもあるんです。ぜひ試してほしいマリアージュ。

Chapter

3

Vegetables & Fruits

野菜たっぷり
ときどきフルーツのひと品

軽やかに飲みたいとき、野菜がメインのおつまみがあるといい。
フルーツも同じで、甘みや香りは、ワインやビール、焼酎など、
意外といろいろなアルコールに合うのです。
また、揚げ物やお肉などの付け合わせとしてさっぱりしたものがほしいとき、
お口直しがほしいときなどにもおすすめ。
わき役ながらうれしい存在になります。

マスタードシードの香りが香ばしくて絶品

アボカドとたっぷりハーブ　マスタードシードオイルがけ

材料（2人分）

アボカド（熟したもの）— 1個
かぼすのくし形切り — 2個
（またはレモン汁 — ½個分）
塩 — 少々
三つ葉、ミント、ディル、パセリ、パクチーなど
好みのハーブ（ざく切り）— 合わせて大さじ6
白炒りごま — 小さじ2
油 — 大さじ3
ブラウンマスタードシード — 大さじ1

作り方

1. アボカドは皮つきのまま半分に切り、種を取り除く。器にのせ、切り口にかぼすを搾るか、レモン汁をまわしかけ、塩をふる。ハーブを上にのせ、ごまを散らす。
2. 小鍋に油を入れ、弱火にかける。温まったら、マスタードシードを入れ、黒褐色になり跳ねはじめるまで加熱し、**1**にまわしかける。

Maki's advice

マスタードシードのプチプチ食感とアボカドのねっとりとした食感がポイント！　アツアツの油でマスタードシードを香ばしく仕上げて。みんなの前で油をジュッとかけると、演出もできて食欲・飲み欲をそそります。熱い油には要注意。

こんなお酒が合う！

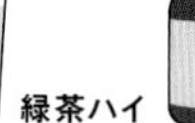
緑茶ハイ

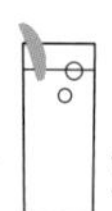
クラフトビール

ジンライムソーダ

クラフトビールはホワイト系がおすすめ。おうちで手軽にジンライムソーダを楽しむには、ジンの缶チューハイを買ってくるのも◎。ジンの清涼感とライムの香りがハーブの青さを際立たせてくれるペアリング。冬場はシナモンを入れてシナモンジンにしても。

Shindo's choices

かぶと金柑をやわらかくロースト。みそが野菜で飲むためのマジック

丸ごとかぶと金柑のジューシーロースト

材料（3人分）

かぶ ― 3個
塩 ― 少々
金柑 ― 2個
みそ、オリーブオイル
― 各小さじ3
タイム ― 6本

Maki's advice

かぶを皮ごとローストすることでジューシーに。焼いたかぶと金柑の甘さにみそのしょっぱさがおいしい。金柑はシーズンでなければゆずやレモンに変えて楽しんでも。みそはオーソドックスな麦みそでOK。

作り方

1. 金柑は両端を切り落とし、3等分の輪切りにする。かぶは茎と根を切り落とし、根のあったほうから⅔くらいの深さまで十字に切り込みを入れる。あれば、茎の1個分を1cm長さに切る。
2. かぶよりひとまわり大きくカットしたオーブンペーパーに切った茎適量を置き、塩をふる。その上に、かぶを切り込みを入れたほうを上にして置く。オーブンペーパーでかぶの半分の高さまで包み、両端をひねる。かぶの切り口にみそ小さじ1ずつを押し入れ、オリーブオイル小さじ1ずつをまわしかける。金柑の輪切りを挟み込む。
3. 天板に置き、タイムを散らし、200℃に予熱したオーブンで20分ほど、かぶが好みの焼き加減になるまで焼く。

Point

オーブンペーパーで両端をひねって、キャンディ包みに。そのまま出してもかわいい。

こんなお酒が合う！

レモンサワー

日本酒（にごり酒）

スパークリング日本酒

金柑と合わせるなら、レモンサワー。また、にごり系の濃い日本酒はみそとぴったり。スパークリング日本酒は、微発泡で甘いタイプが合います。かぶの甘さと金柑の甘苦さと相まって幸福な味わいを組み立てます。冬の醍醐味が感じられる一杯。

かつお節、にんにくなど、うまみと香りがおいしいカリッカリフレンチフライ

かつお節香るポテトフリット

材料（3〜4人分）

じゃがいも（メークインがおすすめ）
— 2個（400g）
米粉 — 大さじ6〜7
かつお削り節 — 4g
にんにく（薄皮つきのまま）— 2片
ローリエ — 4〜5枚
塩 — 少々
黒七味 — 少々
揚げ油 — 適量

カリッと揚げるコツは、水に放して表面のでんぷんを落とすこと、水けをしっかりきらずに米粉をまぶしやすくすること、冷たい油から入れること。そして揚げているときは触らないこと。20分くらいじっくりと揚げて。

作り方

1. じゃがいもは皮をよく洗い、皮つきのまま細長く切り、たっぷりの水に放す。水けを残したままボウルに取り出し、米粉とかつお節をふり入れて、まんべんなくまぶす。
2. フライパンまたは鍋に、**1**をくっつかないようにほぐして入れ、ひたひたになるまで揚げ油を注ぐ。薄皮がついたままのにんにく、ローリエを入れ、中弱火にかける。ふつふつとしてきたら、170℃を保ちながら触らずに揚げる。菜箸を入れてみて、衣がかたくなっていたら、重なっているところを手早くほぐす。火加減を少し強めて180℃くらいにし、色よく揚げて取り出す。塩、黒七味をふる。

Point

黒七味を黒こしょうのように、仕上げにたっぷりとふりました。さらなる香りをプラス！

こんなお酒が合う！

ハイボール

レモンサワー

ビール

ハイボールはぜひレモンを入れて。和香るポテトにはレモンサワーをゴクゴク飲むのも至福です。ビールは「ハーブ揉み込みビール」も◎。家にあるさまざまなハーブを手でもみ、氷とともにグラスに入れ、ビールを注げば香りたっぷりのビールカクテルに。

Vegetables

野菜

とろりと焼いたパプリカにパリパリのかつお節が絶品

丸ごとパプリカロースト、パリパリおかか

材料（2〜3人分）

パプリカ（赤、黄）— 各1個

A
- 長ねぎのみじん切り — 60g
- 紹興酒（または酒）— 小さじ2
- 塩 — 小さじ½
- 砂糖 — 小さじ1

オリーブオイル — 大さじ3

かつお削り節 — 6g

しょうゆ — 少々

作り方

1. パプリカはそれぞれアルミホイルで包み、200℃に予熱したオーブンで15〜20分焼く。そのまま10分ほどおき、薄皮をむく。
2. ボウルに**A**を入れて混ぜる。オリーブオイルを小鍋に入れて熱し、**A**をまわし入れて混ぜる。
3. 器に**2**を敷き、パプリカをのせる。フライパンでパリパリにから炒りしたかつお節をふり、しょうゆをかける。

Maki's advice

ローストをお浸しのように食べる一品。よって、和のコースにも洋のコースにも相性がよく、和のお酒にも洋のお酒にも合います。合わせやすい一皿。

こんなお酒が合う！

ロゼワイン　缶チューハイ（グレープフルーツ）

パプリカの甘味とロゼワインの香りが合わさって相乗し合う。グレープフルーツがあれば、途中で皮をキュッと搾って香りをかけ「ロゼパンプル」という南仏のカクテルっぽくしても。

しば漬けが驚くほど紫キャベツのラペと合う！　サラダのようなおつけもののようなおつまみ

しば漬けキャベツの生春巻き

材料（2〜3人分）

紫キャベツ ― 300g（緑のキャベツでもよい）
赤ワインビネガー ― 大さじ2（米酢でもよい）
オリーブオイル ― 大さじ2

A
- フレンチマスタード ― 小さじ2
- 砂糖 ― 小さじ1
- 塩 ― 小さじ⅓
- こしょう ― 少々

しば漬けの粗みじん切り ― 大さじ3
ライスペーパー ― 3枚
青じそ ― 9枚

作り方

1. キャベツはごく細いせん切りにし、なるべく広げてボウルに入れる。小鍋に赤ワインビネガーと油を入れ中火にかける。煮立ったら、キャベツにまわしかけ、菜箸で手早く混ぜる。表面にラップをかぶせて10分ほどおき、粗熱を取る。
2. **A**を上から順に加えてよく和え、しば漬けを混ぜる。
3. まな板に固く絞った濡れ布巾を敷き、両面を水で濡らしたライスペーパーを置く。
4. 手前⅓くらいのところに青じそ3枚を少しずつ重ねて横に並べ、**2**の⅓量をその上に横長におき、手前からしっかり巻く。包丁で好みの長さに切る。

Maki's advice

キャベツは細いせん切りにするのがポイント。ライスペーパーで巻くとラペも食べやすい。

こんなお酒が合う！

シードル　白ワイン　缶チューハイ（キウイ）

紫キャベツとしば漬けの清涼感にシードルの華やかな香りと酸味が相まっていくマリアージュ。缶チューハイはフルーティーで酸味がさわやかなものが◎。

Chapter 3 VEGETABLES / VEGGIES & FRUITS

Vegetables
野菜

シーズナル蒸し野菜　春夏

Chapter 3 VEGETABLES / VEGGIES & FRUITS

シーズナル蒸し野菜　秋冬

春夏野菜にはさわやかなパクチーのソースや香りのよいナッツソルトで

シーズナル蒸し野菜　春夏

材料（3〜4人分）

とうもろこし — 1本
オクラ — 6本
ミニトマト — 6個
ズッキーニ — 小さめ1本
レモンスライス — 2枚
塩 — 少々

作り方

1. 蒸籠は使う前に水で濡らしておく。
2. とうもろこしは長さを3等分にし、それぞれ縦に4つに切る。オクラは板ずりして水で洗い、ガクのかたいところを包丁でぐるりとむき取る。ズッキーニは厚さ1.5cmの輪切りにする。
3. 鍋にたっぷりの湯を強火で沸かす。蒸籠にとうもろこし、ズッキーニを並べて蓋をし、鍋にのせて3〜4分ほど蒸したら、ミニトマト、オクラ、レモンを加え、さらに1〜2分ほど蒸して塩をふる。
4. パクチーソースまたはナッツソルトをつけて食べる。

Maki's advice

すぐやわらかくなるオクラ、トマトなどは時間差で入れて。パクチーソース、ナッツソルトは、別々に味わっても、混ぜてもおいしい。

パクチーソース

材料（3〜4人分）

パクチーの茎と葉のみじん切り — 20g
青じそのみじん切り — 5枚分
ナンプラー、レモン汁 — 各小さじ2
オリーブオイル — 大さじ2
白炒りごま — 小さじ1

作り方

すべての材料を混ぜる。

ナッツソルト

材料（3〜4人分）

ローストアーモンドのみじん切り — 25粒分
白すりごま — 大さじ2
砂糖 — 小さじ1/3
塩 — 小さじ2/3
七味唐辛子 — 小さじ1/3〜1/2

作り方

すべての材料を混ぜる。

こんなお酒が合う！

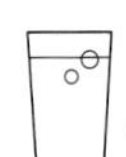
米焼酎（ソーダ割り）

ビール

レモンサワー

カラフルな夏野菜の濃い味わいに寄り添う、米焼酎のマリアージュ。しっかりとした味わいの焼酎が合うので、米のほか芋焼酎のソーダ割りなども◎。夏野菜とのハーモニーをお楽しみください。

秋冬野菜の代表である根菜は、コクがあるソースが合うので、クリーミーな2種に仕上げました

シーズナル蒸し野菜　秋冬

材料（3〜4人分）

里いも — 小さめ6個
にんじん — 小1本
カリフラワー
— 小さめ½株
長ねぎ — 1本
金柑 — 3〜4個
シナモンスティック
— ½本（なくてもよい）
卵（室温に戻す）…3個
塩 — 少々

作り方

1. 蒸籠は使う前に水で濡らしておく。
2. 里いもと卵はよく洗う。にんじんは皮ごと厚さ1.5cmの輪切りにする。カリフラワーは放射状に4つに切る。長ねぎは長さ4cmに切る。金柑は横半分に切る。
3. 鍋にたっぷりの湯を強火で沸かす。蒸籠に里いもとにんじんを並べ、シナモンスティックをのせる。オーブンペーパーを敷き、卵をのせて蓋をし、鍋にのせて8〜10分ほど蒸す。カリフラワーを加え、さらに2分ほど蒸す。卵は合計10分蒸したらいったん取り出しておく。長ねぎ、金柑を加え、さらに2〜3分蒸す。
4. すべての野菜に竹串を刺し、中心までやわらかくなっているかを確認する。かたいようなら、蒸し時間をプラスする。火が通ったら、塩をふる。
5. **3**で取り出した卵2個を蒸籠に戻して盛り合わせる。卵ソースまたは豆腐オイスターソースをつけて食べる。

Maki's advice

火の通りにくい里いもやにんじんを先に入れると均等に食感よく仕上がる。蒸し卵1個はソースにし、残りはおつまみとして。

卵ソース

材料（3〜4人分）

蒸し卵 — 1個（上記作り方**3**で蒸した卵を使用）
A
- 水 — 大さじ1
- ナンプラー — 大さじ1
- 砂糖 — ひとつまみ

作り方

卵の殻をむいて容器に入れ、**A**を加えて、フォークでつぶして混ぜる。

豆腐オイスターソース

材料（3〜4人分）

A
- 絹ごし豆腐 — 100g
- マヨネーズ — 大さじ1
- オイスターソース — 小さじ1

作り方

ボウルに**A**を混ぜて容器に盛り、好みでオイスターソース小さじ1（分量外）をまわしかける。

＊ソースはいずれもハンドミキサーでなめらかに撹拌するのもおすすめ。

こんなお酒が合う！

日本酒

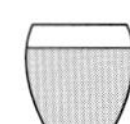
ゆず サワー

ホットコンソメにウォッカ

赤ワイン（軽い系）

日本酒やゆずサワーは根菜などの野菜と相性◎。また、寒い日はホットカクテルを。あたためたコンソメにウォッカを入れると「ブルショット」というカクテルになります。「だし割り」の感覚で美味。

Vegetables
野菜
キャベツの
花椒ジンジャーピクルス
ORTIZ DESDE 1891
なすといんげんの
黒酢マリネ
玉ねぎの酢じょうゆマリネ

ごぼうのシナモンピクルス

きゅうりのビールマリネ

油を含んだなすと中国黒酢のマリネ液は相性が抜群

なすといんげんの黒酢マリネ

材料（作りやすい分量）

なす ― 3本
さやいんげん ― 6本
揚げ油 ― 適量
A
- しょうがすりおろし ― 小さじ2
- 砂糖 ― 小さじ2
- しょうゆ、みりん ― 各大さじ1
- 塩 ― 少々
- 中国黒酢 ― 大さじ2
- ごま油 ― 小さじ1

作り方

1. マリネする容器に**A**を入れ、よく混ぜる。
2. なすといんげんはヘタを切り落とす。なすは2cm厚さの輪切りする。いんげんは筋を取る。
3. フライパンに高さ1cmほど油を入れて中火にかけ、温まったらなすを入れて両面をこんがり色がつくように揚げ、油をよくきって**1**に入れる。いんげんもしんなりするまで揚げ、**1**に加える。全体を和え、表面にラップをかぶせて完全に冷ます。

＊30分後から食べられる。翌日以降もおいしい。

酸味がきいているので、箸休め的な存在にしてほしい一品

キャベツの花椒ジンジャーピクルス

材料（作りやすい分量）

キャベツ ― 200g
しょうがのせん切り ― 30g
A
- 米酢、水 ― 各大さじ5
- 砂糖 ― 大さじ1.5
- 塩 ― 小さじ1
- 赤唐辛子（種を取る） ― ½本
- 花椒 ― 小さじ1
- ローリエ ― 1枚

作り方

1. **A**を小鍋に入れ、ひと煮立ちさせて冷ます。
2. しょうがは皮つきのまま、せん切りにする。キャベツは一口大に切り、熱湯でさっとゆでてザルに上げ、あおいで冷ます。水けを手で軽く絞る。
3. **2**を容器に入れ、**1**をまわしかける。冷蔵庫で3〜4時間漬ける。

＊当日はもちろん、翌日以降もおいしい。

肉の付け合わせなどにも！　1週間くらいしてもなじんでおいしい

玉ねぎの酢じょうゆマリネ

材料（作りやすい分量）

玉ねぎ ― 1個
A
- 米酢 、しょうゆ、ごま油 ― 各大さじ2
- 砂糖 ― 小さじ1
- タイム ― 4〜5本

作り方

1. マリネする容器に**A**を入れ、よく混ぜる。
2. 玉ねぎを1.5cm四方に切り、**1**に加えて冷蔵庫で半日漬ける。

＊当日はもちろん、翌日以降もおいしい。

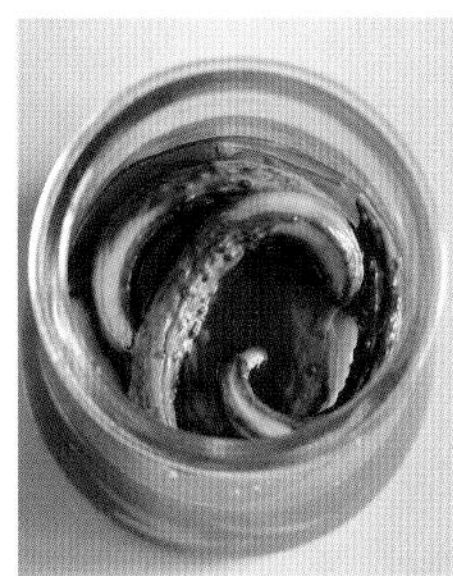

小さいきゅうりで作ると日にちがたっても水っぽくなりにくく、食感がいい

きゅうりのビールマリネ

材料（作りやすい分量）

もぎりきゅうり（若い小さなきゅうり）
— 8本
（または普通のきゅうり — 2本）

A
- ビール（黒ビール以外）— 70mℓ
- 砂糖 — 大さじ3〜4
- 塩 — 大さじ1
- 赤唐辛子（種を取る）— 1本

作り方

1. きゅうりはヘタのほうの緑が濃い部分をピーラーなどでところどころむく。普通のきゅうりの場合、同様にむき、長さを半分〜1/3に切り、さらに縦に1/2〜1/4に切る。
2. ジッパーつきポリ袋にAを入れ、よく混ぜて砂糖を溶かす。きゅうりを入れ、冷蔵庫で半日漬ける。

＊30分後から食べられる。翌日以降もおいしい。

やわらかい新ごぼうを使うのがおすすめ。普通のごぼうならやわらかくなるまでゆでて

ごぼうのシナモンピクルス

材料（作りやすい分量）

細めのごぼう…150g

※根元よりも上のほうを使うのがおすすめ。
新ごぼうで作ると、なおおいしい。

A
- 酢…100mℓ
- 水…大さじ2
- 砂糖…50g
- 塩…小さじ2/3
- ローリエ…2枚
- シナモンスティック…1本

作り方

1. ごぼうは土を洗い流し、8cm長さくらいに切る。太さを2つ割りにする。
2. 鍋に湯を沸かし、塩ひとつまみ、酢小さじ1/2（ともに分量外）を入れ、1を入れてやわらかくなるまでゆでる。ザルに上げ、粗熱が取れたら、麺棒などで軽く叩き、縦に割き、容器に入れる。
3. Aを小鍋に入れ、ひと煮立ちさせ、容器に入れた2にまわしかける。冷蔵庫で1時間ほど漬ける。

＊当日はもちろん、翌日以降もおいしい。

Maki's advice

作っておけば冷蔵で1週間くらいもちます。おなかがいっぱいでも何かつまみたい、というときや、お酒とお酒の合間に口の中をさっぱりしたいときに。肉料理の付け合わせなどにもいいですし、チーズなどと組み合わせても相性がいい。

お口直し的、さわやかなフルーツサラダ

キウイとしょうが、ミントのサラダ

材料（3〜4人分）

キウイ — 2個
きゅうり — ½本
紫玉ねぎ — ⅛個（普通の玉ねぎでもよい）
しょうがの甘酢漬け — 10g

A
- ライムの搾り汁（またはレモン汁）— 大さじ1
- オリーブオイル — 大さじ1
- ナンプラー — 小さじ1
- こしょう — 少々

ミントの葉 — 20枚くらい

作り方

1. ドレッシングを作る。ボウルに**A**を上から順に加え、その都度、泡立て器でよく混ぜる。
2. キウイは皮をむいて3等分の輪切りにする。きゅうりと玉ねぎは5㎜四方に切る。しょうがは細切りにする。
3. 器にキウイを盛り、残りの**2**を上に散らし、**1**をまわしかける。ミントを散らす。

Maki's advice

一年中手に入りやすいキウイを使ったサラダ。しょうがの辛みと酸味に合うよう、甘く熟したキウイを選んで。キウイはゴールドでもOK。ナンプラーやミントを使った、中東やアジアを思わせる味わい です。前菜にもいいですが、こってりとしたおつまみの合間にも。

こんなお酒が合う！

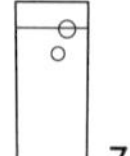
スプリッツァ

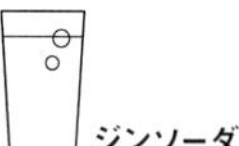
缶チューハイ（グレープフルーツ）

ジンソーダ

白ワインを半々でソーダ割りにするとオーストリアの「スプリッツァ」というカクテルに。白ワインはソーヴィニヨンブランのような品種がおすすめ。ライムを搾るとさらにおいしい。チューハイは「本搾り」のような果汁多めのタイプもおすすめ。

ピリッとしたナムルだれに柑橘がぴったり

にんじん、さきいかの韓国ナムル風

材料（2〜3人分）

にんじん — 大1本
さきいか（ソフトタイプ）— 30g
文旦（みかん、オレンジなど好みの柑橘でも可）
　— 4房
ごま油 — 大さじ1
塩 — 小さじ1/4

A
- 塩 — 小さじ1/3
- 薄口しょうゆ、にんにくすりおろし — 各小さじ1
- 酒、水 — 各大さじ2〜3
- 白炒りごま — 大さじ1
- 粉唐辛子 — 少々

作り方

1. にんじんは3cm長さのマッチ棒状に切る。さきいかは裂き、長い場合は、食べやすい長さに切る。炒りごまは半ずりにするか、包丁で刻む。文旦は薄皮をむき、小さくちぎる。
2. フライパンにごま油を入れ、中火でにんじんを歯ごたえが残る程度に炒める。塩をふり、ボウルに入れ、粗熱を取る。
3. **2**に**A**、さきいかを加え、手でもみ混ぜる。文旦を入れ、菜箸で和える。

Maki's advice

にんじんは歯ごたえが残るくらいの太さに切って炒めるのがおいしい。さわやかな柑橘を入れると、にんじんの甘みが引き立ち、さきいか独特の生臭みを消してくれる。さきいかはあたりめではない、ソフトタイプのものがおすすめ。辛みはお好みで調節して。

こんなお酒が合う！

マッコリ　日本酒（スッキリ系）　白ワイン（さっぱり系）

マッコリそのままでもおいしいですが、マッコリグラス1杯＋ウコンドリンク（「ウコンの力」小さじ1）もおすすめ。ウソみたいなおもしろいカクテルです。料理に合い、健康にも気を遣った一杯。白ワインや日本酒はさっぱりさわやか系が合います。

Vegetables
野菜

タイの春雨サラダ「ヤムウンセン」をパリパリした食感にアレンジ。
ゆでるよりおつまみ感が増します

揚げ春雨のヤムウンセン

材料（3〜4人分）

ゆでえび — 6尾
豚ひき肉 — 100g
紫玉ねぎの薄切り — ⅙個分
パクチー — 小1株
緑豆春雨 — 30g
揚げ油 — 適量
塩 — 少々
とんぶり — 大さじ4

A
ナンプラー — 大さじ1
かぼす汁、砂糖 — 各大さじ1½

B
ナンプラー、かぼす汁、砂糖 — 各大さじ1
酢 — 大さじ2
白炒りごま — 小さじ½
かぼすの皮のすりおろし — 適量

作り方

1. えびは厚みを半分に切る。パクチーは葉と茎を分けて、茎は粗みじん切りにする。
2. フライパンにひき肉を入れて中火にかけ、脂が出るまでしっかり炒める。ザルにあけて余分な脂をきってボウルに入れ、**A**、**1**のえび、パクチーの茎、玉ねぎを入れて混ぜる。
3. 揚げ油を180℃に熱し、火を止める。春雨を3〜4回に分けて揚げる。器に盛り、塩をふる。
4. **3**に**2**を盛りつけ、とんぶり、パクチーの葉を散らす。好みで**B**を混ぜ合わせたタレをかける。

Point
春雨を揚げると食感が楽しく変身。とんぶりは畑のキャビアといわれプチプチが美味。なければなしでもOK。

Maki's advice

春雨は揚げると食感がガラッと変わります。タレでしんなりした部分とカリカリの部分のコントラストがまたおいしい。春雨は揚げるとカサが一気に増すので、火をとめて作業すると怖くない。

こんなお酒が合う！

クラフトビール
白ワイン
ジャスミン茶のビール割り

Shindo's choices

ジャスミンハイは焼酎で割りますが、ビールで割るのもおいしいんです。ジャスミン茶1：缶ビール3の割合で割ってお好みでレモンを加えて。エスニック料理によく合うカクテルになります。ビールは好みのものでOK。

Vegetables
野菜

だしにアンチョビが溶け出し衝撃のおいしさ

にらのアンチョビお浸し 卵黄のしょうゆ漬け

材料（2人分）

にら ― 1束
塩 ― 少々
アンチョビ（細かく刻む）― 4尾分

漬け卵黄（市販の温泉卵でも可）

新鮮な卵黄 ― 2個
A
しょうゆ ― 小さじ3
みりん ― 小さじ1

お浸しだし

B
水 ― 200mℓ
昆布 ― 3cm四方1枚
薄口しょうゆ ― 小さじ2
塩 ― 少々
酒、みりん ― 各小さじ2

※昆布は顆粒だしを適宜換算して替えても。

作り方

1. 漬け卵黄を作る。**A**を混ぜ、お猪口のような容器2つに分けて入れる。それぞれにそっと卵黄を入れ、ふわりとラップをかけ、冷蔵庫で30分おく。好みで一晩おいてもよい（ここでは一晩おいたものを使用）。
2. お浸しだしを作る。**B**の水と昆布を鍋に入れ、30分おく。残りの**B**を入れ、中弱火にかけ、軽く煮立ったら火を止めて昆布を取り出し、アンチョビ半分を入れて混ぜ、そのまま冷ます。
3. にらをゆでる。鍋かフライパンに湯を沸かし、塩を入れ、にらを30秒〜1分ゆで（緑色をきれいに発色させたい場合は、氷水に取り、急冷する）、手で水けを絞る。**2**をバットなどに入れ、にらを加え、洗うようにしてだしをまとわせる。
4. **3**を好みの長さに切り、器に盛る。**2**のだしを器のふちから注ぎ、漬け卵黄をそっと取り出してのせ、残りのアンチョビをのせる。仕上げにごま油やラー油、七味をふっても。

Point

卵黄のしょうゆ漬けは案外手軽。普通の卵黄または温泉卵にしょうゆをかけるだけでもOK。

Maki's advice

澄んだ昆布だしに、アンチョビの塩みとうまみがパーフェクト。にらの食感や香りもよく合う。卵黄は、しょうゆ漬けにするとねっとり感が増しておいしい。ごはんや細うどんに和えてもgood。

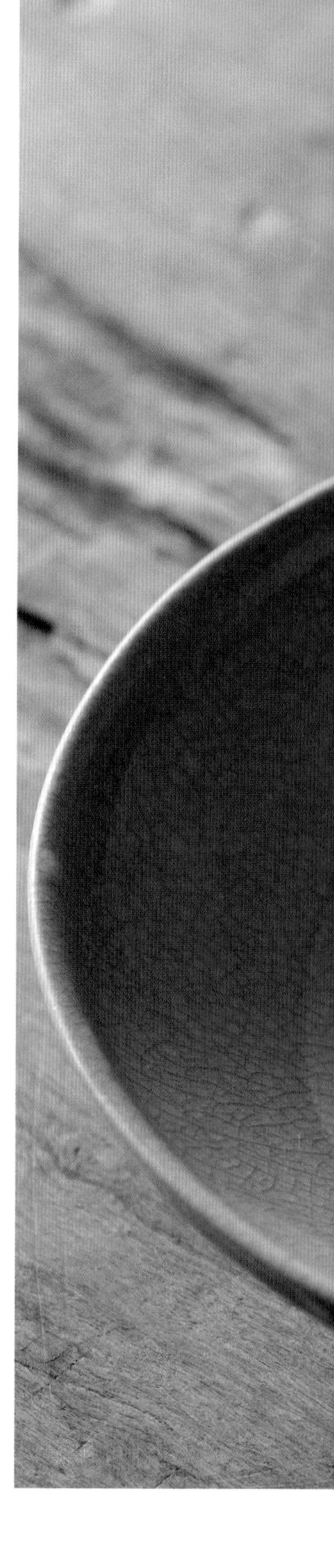

こんなお酒が合う！

日本酒

米焼酎

シェリー酒

だし系のお料理なので日本酒や焼酎はもちろん相性がいいですが、アンチョビを使ったこちらのお浸しにはシェリー酒も意外な相性！　シェリー酒は冷やして。シェリー酒がないときは白ワインにレモンを入れてもおいしい。

ドライイチジクを戻して「おかえり」！ 甘みとらっきょうの酸味、春菊の苦味がおいしい

春菊と「おかえりイチジク」らっきょうのサラダ

材料（2〜3人分）

春菊 — ⅓〜½束
ドライイチジク — 小粒10粒
プレーンヨーグルト — ¼カップ
らっきょう — 5粒
天かす（市販）— 大さじ3

A
- レモン汁（または米酢）— 大さじ1
- 塩 — 小さじ⅓〜½
- こしょう — 少々
- オリーブオイル — 大さじ3

作り方

1. イチジクを漬ける。イチジクを半分に切り、保存容器に入れ、ヨーグルトをまぶして冷蔵庫で一晩おく。イチジクを取り出し、まわりについたヨーグルトをざっとこそぎ落とし、落としたヨーグルトは取っておく。
2. ドレッシングを作る。ボウルに**1**のヨーグルト、**A**を上から順に入れ、その都度、泡立て器でよくすり混ぜる。
3. 春菊はやわらかい葉をつまみ、器に盛る。らっきょうは縦に薄切りにし、イチジク、天かすとともに散らす。食べるときにドレッシングをかける。

ドライイチジクをヨーグルトで戻した、いわゆる「おかえりイチジク」。イチジクはヨーグルトでやわらかくなりコクもアップ。らっきょうの甘酸っぱさと食感にもよく合い、苦味のきいた春菊を合わせると、絶妙。

Point
天かすがいい仕事をしてくれる。冷蔵庫にあると便利！ なければ、ナッツなどでも◎。

こんなお酒が合う！

白ワイン（スッキリ系）

ジントニック

フルーツビネガーのビール割

サラダには柑橘系のアルコール割りや、ドレッシングのようなイメージのビールカクテルがとてもよく合います。個人的にはフルーツビネガーは「美酢（みちょ）」のざくろがおすすめ。ジントニックはトニックウォーター（炭酸より甘みがあるもの）を割って。

中東のサラダからインスピレーションを受けたおつまみサラダ

もち麦の中東サラダ ゆかりヨーグルトソース

材料（4人分）

もち麦 — 1/4カップ（40g）
塩 — 適量
かぼちゃ — 80g
油揚げ — 1枚
釜揚げしらす — 1/4カップ
ミニトマト — 8個
トレビスなどのサラダ用葉もの — 大1枚
パセリの粗みじん切り — 1/4カップ
青じそ — 5枚
ざくろの実 — 1/4カップ

ゆかりヨーグルトソース

A
- プレーンヨーグルト — 1/2カップ
- 塩 — 少々
- にんにくすりおろし — 小さじ1/2〜1
- オリーブオイル — 大さじ2

ゆかり — 小さじ1

作り方

1. もち麦は洗って鍋に入れ、300mlの水を加えて1時間ほど浸ける。中弱火にかけ、塩少々を入れ、好みの加減にゆでる。ザルに上げて水けをきる。
2. かぼちゃは1cm角に切り、さっと水にくぐらせる。水滴がついたまま耐熱容器に入れ、塩少々をふり、ラップをかける。電子レンジで2〜3分加熱し、やわらかくする。
3. 油揚げはフライパンに入れ、耐熱のバットなどを重しとしてのせる。中弱火にかけ、きつね色になるまで両面を焼き、取り出して冷ます。トレビスとともに1cm角に切る。青じそは手で細かくちぎり、ミニトマトは半分に切る。
4. **1〜3**と残りの材料を器に好みに盛り合わせ、全体に塩少々をふる。
5. ソースを作る。ヨーグルトにゆかり以外の材料を加え、よく混ぜる。容器に入れ、ゆかりを散らし、**4**に添える。全体をよく混ぜて食べる。

Maki's advice

もち麦を使うことで食べ応えと食感のあるサラダに。油揚げなど、身近なうまみ食材を加えることで、日本ならではのマリアージュを味わえます。ざくろは手に入りにくい場合は、ぶどうなどを入れてもおいしいです。

こんなお酒が合う！

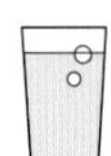

梅酒ソーダ　ジンジャーハイ　チャイティーハイ

ゆかりは梅酒と相性がよく、口の中でお料理をまとめてくれるマリアージュ。市販の梅酒ソーダが甘ければ炭酸を追加して。ジンジャーハイは、辛口のジンジャーエールがおすすめ。クセのない焼酎と割って。チャイティーも焼酎で割ると意外なおいしさ！

COLUMN

5分でわかる！

ビールのハナシ

ビールは日本の国民的ドリンクで、お店に入ったら
「とりあえずビールで」という人がほとんどだと思います。
日本では、のどごしやキレを楽しむ「ドライビール」が主流。
しかし昨今は「クラフトビール」の人気もあり、手に入りやすくなってきました。
好みのビールや料理に合わせたチョイスができるとハマります！

ビールのタイプ別解説

ドライビール

いわゆる日本の大手ビールメーカーが製造しているビールを指します。明確な定義が存在する名称ではありませんが、アサヒビールが作った「アサヒスーパードライ」が最初のドライビールと言われ、発酵度が高くキレとドライな味わいが特徴。

合う料理や食材
から揚げや天ぷらなどの揚げ物のほか、塩みのきいたおつまみ。本書のレシピなら、かつお節香るポテトフリット（P90）などが◎。から揚げなどと合わせる際に試していただきたいのが、最初はそのまま飲み、途中でから揚げに添えてあるレモンをビールにもギュッと搾って。暑い日は特に美味。

クラフトビール

ピルスナータイプ

淡い黄色で下面発酵のラガータイプ。さまざまな料理との相性がいい。アルコールが苦手な方はジンジャエールやジュースで割ってもおいしい。飲みやすく合わせやすく、万能なタイプです。

合う料理や食材
新じゃがのトマトとろろ昆布バター（P42）、塩の焼き鳥、点心など

ヴァイツェン
（ホワイトビール）

女性に人気の香り高いバナナのようなエステル香が特徴のビール。主に濁ったスタイルが多く、小麦由来のパンやパスタなどと相性がいい。マヨネーズやクリーム系とも合います。

合う料理や食材
明太マスカルパクチー（P18）、ピザ、ポテトサラダ、シチューなど

ペールエール
（ゴールデンエール）

淡いオレンジのような色合いのものが多くバランスがいい上面発酵のビール。うまみがしっかりと感じられ、和食や魚介の料理とよく合います。

合う料理や食材
えびのぷりぷり水餃子（P72）、寿司、焼き魚、みそラーメンなど

IPA
（インディアンペールエール）

琥珀色でペールーエールの一種ですが、たくさんホップを使うためビターな味わいが特徴のビール。余韻が長く、スパイスを多く使った料理、中近東のエスニック料理と相性がいいです。

合う料理や食材
ひよこ豆に黒七味（P32）、フライドチキン、ハンバーグ、焼肉など

スタウト
（黒ビール）

焦げるまで焙煎した黒色のモルトを使った黒いビール。しょうゆを使った料理と相性抜群です。ほかのビールと違い、少しぬるめの温度（10℃くらい）で楽しむのがおすすめ。僕は黒ビールとドライビールを1：1で割ったハーフ＆ハーフを牛肉の料理とのマリアージュでご用意することが多く、この飲み方はお店でも密かに人気のビールカクテルです。

合う料理や食材
ソフトポークジャーキー（P36）、ステーキ、すき焼き、とんこつしょうゆラーメン、ソース焼きそばなど

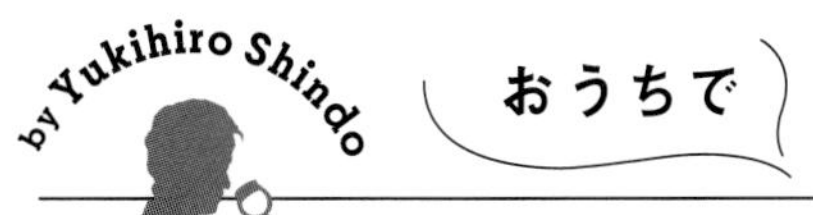

おうちで

オリジナルカクテルにトライ

本書では、僕のアルコールマリアージュのコーナーで、しばしば「おうちカクテル」をおすすめしています。特別なリキュールを使わず、スーパーやコンビニで手に入るアルコールやドリンクを使ったカクテルを考えました。麻紀さんのお料理に合わせて配合を考えた、本書オリジナルカクテルです。

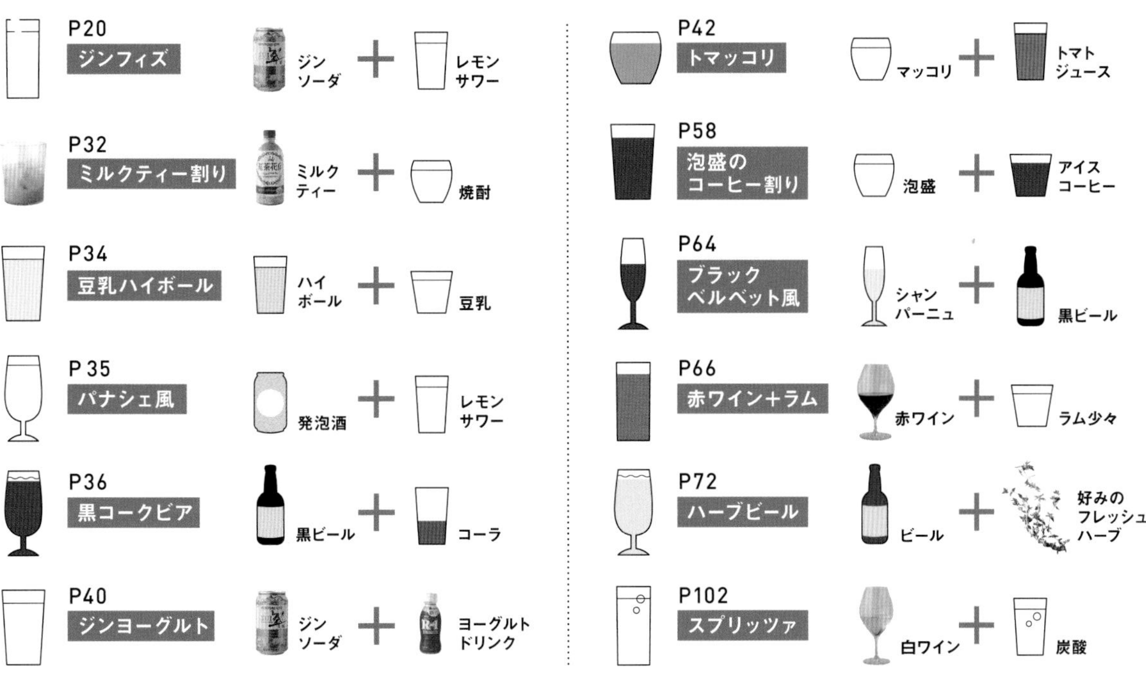

自家製リキュールを作ろう

自家製　リモンチェッロ

材料（2〜3人分）

レモン
（皮を使うため無農薬のもの
その他の柑橘でもOK）— 10個
スピリタス（ウォッカ）
— 1本（500mℓ）
グラニュー糖 — 600g
水 — 500mℓ

冷凍庫で
2〜3年
保存可能

作り方

1. レモンは皮をむき、内側の白い部分はできる限り取り除く。密閉容器にスピリタス500mℓとレモンの皮を入れて密閉し、2週間ほど暗い場所で保存する。レモンの皮が白くなりパリパリの状態になったら皮を取り除く。
2. 鍋に水を入れて火にかけグラニュー糖を少しずつ溶かしていく。
3. **2**を冷ましたら**1**と合わせて混ぜ、冷蔵庫で3〜4日ねかせる。しっかりとなじんだら、冷凍庫に入れ、トロトロの液体になればできあがり。保存も冷凍庫で。飲むときは、冷たいままストレートで飲むか、炭酸で割る。

ZANPA
薩摩茶屋
brewed in germany,
born in nakameguro.
lager
bitter
hops
i.p.a.
bitter
hops
AIPUR

Chapter

4

Noodle & Rice

麺とごはんで〆！

食べて飲んで、楽しい家飲みも終盤になったら、
最後に〆の一品が欲しい日も。
つるっと食べられる麺、
さらさらっと食べられるお茶漬けみたいなTKG、
うまみたっぷりの炊き込みピラフをご紹介します。
飲み始める前に準備しておけば、食べる直前にほんのちょっとの手間で
仕上げられるので、酔っぱらっていても大丈夫！

パンチがあるのにさっぱりと食べられる和え麺です

レモンにら麺フォーエバー

材料（2人分）

中華麺 — 2玉
にら — 1束（100g）
国産レモン — 1/6個分
ごま油 — 大さじ2
花椒 — 小さじ2
A
マヨネーズ、オイスターソース、酢 — 各大さじ2
ラー油 — 小さじ1

作り方

1. ボウルに**A**を入れ、混ぜ合わせる。にらは根元を切り落とし、小口切りにする。レモンは、種があれば取り除いてから皮ごと粗みじん切りにする。
2. 麺を袋の表示通りにゆでて水けをきり、**A**と和え、器に盛る。にらとレモンを上に散らす。
3. 小鍋でごま油と花椒を熱し、**2**の上からまわしかける。

Maki's advice

にらは細かく切ってたっぷりのせるのがおいしさの秘訣。花椒は好みで"追い花椒"しても。レモンは皮ごとザクザク入れて苦味も一緒に食べるのがおいしいです。麺に絡ませておいた味がクセになります！

細くて冷たいパスタがシメに食べやすい

梅とトマトとじゃこの冷たいカッペリーニ

材料（2〜3人分）

パスタ（カッペリーニ）— 60g
フルーツトマト — 4個（1個50g）
バジル — 小さめ8〜10枚
梅干し — 大1個

A
- にんにくすりおろし — ½片分
- 市販の山椒入りちりめんじゃこ — 大さじ2〜3
- オリーブオイル — 大さじ3
- 塩、こしょう — 各少々
- ナンプラーまたはしょうゆ（好みで）— 小さじ1

作り方

1. トマトは皮を湯むきし、くし形に切る。梅干しは種を取り除き、果肉を包丁で叩く。
2. ボウルに**A**、**1**のトマトと梅干しを入れて混ぜ合わせ、冷蔵庫で2〜3時間おく。
→ここまで飲む前に準備しておくといい。
3. カッペリーニは塩を入れた熱湯で4分ほどゆでる。氷水に取り、手早く水けをきり、**2**、バジルと和える。

カッペリーニはとても細いパスタ。氷水でよく締めて、冷製にして食べます。そうめんなどで代用しても。トマトはマリネしておくとなじんでおいしいです。マリネは冷蔵庫に忍ばせておくと、パスタをゆでるだけなので気が楽！

サラサラッと食べることができる、新感覚の卵かけごはん

スープのTKG

材料（1人分）

ごはん — 1/2膳
ブイヨン — 250mℓ
塩、こしょう — 各少々
生海苔または青海苔 — 大さじ1
卵黄 — 1個
粉チーズ — 大さじ1
オリーブオイル — 少々

作り方

1. ごはんはザルに入れて熱湯をかけて洗い、水けをきる。
2. 鍋にブイヨンを煮立て、ごはんを加え温める。塩、こしょうで調味する。火を止め、生海苔を加えて混ぜる。
3. 器に盛り、卵黄を落とす。粉チーズ、オリーブオイルをまわしかける。

Maki's advice

ブイヨンのやさしいだしを加えることで、お茶漬けのようにサラサラと食べることができる、卵かけごはん。散々飲んで食べたあとのシメには食べやすくて胃腸にもやさしいです。生海苔は、青海苔、焼き海苔、あおさなどでも。

炊き込みピラフにふんわり卵を加え、豪快にまぜまぜ

きのこの炊き込みピラフ だし巻きオン!

材料(2〜3人分)

白米 — 1カップ(200㎖)
ブイヨン — 1カップ
酒 — 大さじ1
きのこ(まいたけ、しいたけ、えのきだけ)
— 合わせて200g
A「しょうゆ — 大さじ1〜1½
　└みりん — 大さじ1
ローリエ — 1枚
塩、こしょう — 各少々
バター — 10g
だし巻き卵(市販) — 1個

作り方

1. まいたけはほぐし、しいたけは6〜8等分の放射状に切り、えのきだけは2cm長さに切る。平らなザルに広げ、時間があれば、1〜2時間乾かす。

2. 白米は洗って水けをきり、鍋または炊飯器の内釜に入れ、ブイヨンと酒を注ぐ。**1**のきのこに**A**をまぶして5分おいたら、米の上にローリエと一緒に散らし、塩、こしょうをふる。バターをのせて炊く。鍋で炊く場合は強火にかけ沸騰したら蓋をして弱火にし、10分炊いて火を止め、15分蒸らす。→バターをのせるところまで、飲む前に準備しておくといい。

3. 蒸らしたら、だし巻き卵をしゃもじでくずしながら混ぜる。

きのこは乾かすことでうまみがアップ。きのことハーブの炊き込みピラフに、あえてだし巻き卵を合わせました。テーブルで蓋を開けて卵をくずしながら混ぜれば、最後の演出もバッチリ。炊飯器で炊くなら、材料を入れてセットしておけばタイミングをみてスイッチを押すだけ。

Point

だし巻き卵は焼いても市販のものを買っても。手軽に作りたければスクランブルエッグ状でもOK。

食材別INDEX

肉

魚介

野菜

渡辺麻紀（わたなべ・まき）

大学在学中より、フランス料理研究家のアシスタントを務める。その後、ル・コルドン・ブルー代官山校に5年間勤務。フランス、イタリアへの料理留学後、テレビの料理番組などのフードコーディネーターを経て、現在は料理家として、雑誌やテレビで活躍。ミールキット宅配サービスや飲食店、食品・家電メーカーなどのメニュー構成・レシピ提案も手がけている。著書に、『CHARCUTERIESシャルキュトリー』『Quiche et Terrinesキッシュとテリーヌ』（ともに池田書店）、『渡辺麻紀のお茶菓子レシピ』（文化出版局）、『涙がでるほどおいしいスープと煮込み』『アペロとツマミ』『3皿でコース』（以上、主婦の友社）、『ごちそうマリネ』（河出書房新社）など多数。

Instagram
watanabemaki_makiette

進藤幸紘（しんどう・ゆきひろ）

TSUGUMI 鶇　代表／マネージャー。1986年、千葉県出身。東京エコール辻卒業後、田崎真也氏プロデュースの「レストランS」にてサービスを学ぶ。その後ロンドンに渡り、ソムリエとして星付きレストランで勤務。帰国後、ミシュラン一つ星の六本木「Series」マネージャーを経て「浮雲」へ。ロンドンで得た自由な発想のペアリングを追求する。現在は中華、鮨、鉄板焼き、焼鳥、和食の5店舗を運営し、各店舗のマネージメント及びサービスを行う。それぞれの店舗にてゲストの好みに寄り添うペアリングが好評。

Instagram
tsugumi.nishiazabu

撮影	長谷川潤
スタイリング	遠藤文香
デザイン	蓮尾真沙子（tri）
DTP協力	ローヤル企画
編集協力	丸山みき（SORA企画）
校正	ぷれす
編集	中野桜子（SAKURA&Co.）

撮影協力

グランクリュカンパニー
HP　http://grandcru-wine.jp

Shochu X
HP　https://www.shochu-x.jp
Instagram　@shochu_x

清水清三郎商店
HP　https://seizaburo.jp/
Instagram　@zaku.seizaburo

マルホン胡麻油（竹本油脂株式会社）
お問い合わせ 0120-77-1150
HP　https://www.gomaabura.jp/

おつまみとお酒のマリアージュ

著　者　渡辺麻紀、進藤幸紘
発行者　池田士文
印刷所　三共グラフィック株式会社
製本所　三共グラフィック株式会社
発行所　株式会社池田書店
〒162-0851
東京都新宿区弁天町 43 番地
電話 03-3267-6821（代）
FAX 03-3235-6672

落丁・乱丁はお取り替えいたします。

ISBN 978-4-262-13085-9

[本書内容に関するお問い合わせ]
書名、該当ページを明記の上、郵送、FAX、または当社ホームページお問い合わせフォームからお送りください。なお回答にはお時間がかかる場合がございます。電話によるお問い合わせはお受けしておりません。また本書内容以外のご質問などにもお答えできませんので、あらかじめご了承ください。本書のご感想についても、当社HPフォームよりお寄せください。
[お問い合わせ・ご感想フォーム]
当社ホームページから
https://www.ikedashoten.co.jp/

23000006